U0127982

江西通史

秦漢卷下冊

目錄

第四章——秦漢時期江西的經濟（下）

秦漢時期，江西地區的手工業生產和商品交換，隨著農業經濟的初步開發、人口的快速增長，有了相應的發展。考古資料表明，除先秦時期即已興盛的青銅冶鑄業和陶器、原始瓷器燒造業等，生產技術和質地指數有所提高、產品數量和類型有所增加外，鐵器鑄造業、金銀等貴重金屬加工業、建築業、造船業以及玉石雕琢、漆器製作等行業也逐漸產生並發展，東漢時期尤其明顯。當然，本章所列考古實物可能並非全部產自豫章，雷次宗《豫章記》所謂「金鐵篠簜，資給於四境」的記載，便清楚地說明了這一點。所以，對於當時江西地區手工業發展水平以及與此關係密切的商品經濟不宜估計過高。

第一節 ▶ 手工業經濟[1]

一　銅器鑄造業

1. 銅器鑄造工藝

江西境內礦藏豐富，銅、黃金等有色金屬礦自古享有盛名。銅礦資源除用於鑄造錢幣外，還用來加工製作各種銅器。從江西各地陸續發現的漢代墓葬中，銅器出土的數量和種類非常可觀，

1　承蒙劉橋山先生應允，本節較多引用其撰寫的《江西古代科學技術史・秦漢部分》（泭洋出版社 2007 年版）的有關材料，文內不一一註明，謹向劉祿山先生致以謝忱。

圖 4-1　東漢婺金神獸紋銅鏡（1964 南昌市郊出 土）（左）／東漢二姓合好神獸紋銅鏡（1973 年南 昌市出土）（右）

計有鼎、鍾、鈁、盉、熏爐、博山爐、錢幣、酒樽、鏡、灶、釜、盆、碗、帶鉤、洗、燈、泡釘、帶鉤、水桶、鍋、甑、缽、豆、銅飾、壺、勺、銷、罐、胄、俑、印章、戈、劍、矛、刀、戟、鏃、弩機，還有鑄刻長段銘文、對研究漢代器物制度和度量衡史有重要價值的銅鉀等，達數十種之多。總之，禮器、兵器、工具、生活用器，應有盡有。與先秦時期相比，墓葬中禮器的數量、種類逐漸減少，生活用器和生產工具大為增多，且新出現了鈁、博山爐和熏爐等器形，說明銅器已越來越多地使用於生活和生產，人們更注重它的實用性。而東漢和西漢相比較，東漢墓葬中銅器又較西漢有所減少，主要器類為銅鏡和銅錢，這可能與鐵器的使用並逐漸取代部分銅器的趨勢密切相關。

秦漢時期，江西製作的銅器種類繁多，但是，無論是傳統的銅質生活用器、生產工具和兵器製作，還是當時流行的銅幣、銅鏡，都是傳承傳統的澆鑄工藝。這是因為當時的銅中加入了不少

圖 4-2　西漢於蘭家青銅鉀

圖 4-3　東漢鏨刻四獸紋青銅盤（1972 年南昌市郊出土）

於百分之二的鉛或錫，或鉛錫合金。青銅合金熔點低，韌性強，熔化狀態下的青銅溶液流動性較好，有良好的填充性，無論是使用陶范或石范澆鑄，鑄器表面均不易產生粗糙、空凹等缺陷，可以在器表鑄造出繁縟精細的裝飾花紋和銘文。先民們採用這種融古代科學技術和文化藝術於一體的工藝，在兩漢時期鑄造出許多既有實用性又兼具觀賞性的銅鏡及其他銅質工藝品，還鑄造出各種類型的精美銅幣。

青銅澆鑄與生鐵澆鑄工序大體相同，也分為制模、制范、熔銅、澆鑄四個步驟。但是，各地工匠的經驗不一樣，製作模範的方法也略有差異。在灌注青銅溶液前一般要預熱陶質或石質模範。澆鑄方法有一次整體鑄成器物的渾鑄法，也有先分體澆鑄、然後熔接或套合成器的分鑄法，一般是根據器物結構特點來決定採取渾鑄法還是分鑄法。

秦漢時期銅器鑄造技術上的成就，還表現在這樣幾個方面：錯金銀與鑲嵌工藝較前期更為精湛；鎏金技術有明顯進步，可使器物外表色澤金光炫目；銅器上的細線刻紋更富有地方特色；出現了鎏金「銅釦」的新工藝。如南昌東漢墓出土的鏨刻四獸紋青銅盤、鎏金神獸紋銅鏡等都是很有特色的青銅精品（見圖 4-1），其圖案繁富，鑄工精良，正是當時高超的冶鑄技術的代表作品。

除銅鏡、銅錢外，漢代江西其他銅器的製作也都達到較高水平，在先秦銅器製作工藝的基礎上鑄造製作技術日益精湛。如南昌西漢墓出土的盛酒器銅鐘，通身鑄滿各種細密的幾何形圖案，結構謹嚴，布局協調。南昌塘山東漢墓出土的一件銅提梁壺，蒜頭狀球腹細頸，大喇叭狀圈足，上、中、下三部分大小比例適中，中間鼓腹而不失平衡穩重，造型豐滿而不顯冗肥，秀逸典雅而不失莊重。其龍頭提梁分銜壺鏈更是錦上添花；蓋上鈕座飾四出柿蒂紋圖案，腹側鑄鋪首，頸腹飾九道凸弦紋，製作精緻。南昌東郊西漢墓出土的一件西漢銅盉，設計十分巧妙，雞首形的盉嘴上裝有一活動小蓋，當蓋下搭時可以防塵，倒酒時流出的酒水會自動將其衝開掀起，停止倒酒時小蓋又自動閉合，體現了高巧的銅器製作技藝。

2. 錢幣的鑄造

鑄造錢幣首先要製作鑄幣錢範。當時全國其他地區一般是先在泥坯上雕刻公母銅範的反像，刻紋常為陰文，製作成陶質鑄範，稱祖範；爾後，利用陶質祖範來澆鑄銅範，銅範的紋樣、銘文為陽文；最後利用銅範壓模泥坯，翻造出無數的陰文反像泥範，所以銅範又稱為母範，用其翻造出的泥範稱為子範，母範並不用來直接鑄錢，最後用於鑄幣的範是陰文反像的子範。

萍鄉市麻山出土的西漢末年使用的銅質五銖錢範是西漢時江西地區已使用金屬範鑄幣的實物見證。[2]該銅範分為公母兩塊相合而成，一次可鑄銅錢八枚。公範無幣值銘文，邊端側塑鑄有三角形澆口，範板上各鑄口間有銅液流口走線，並鑄有三枚乳狀榫，背部有凹槽和執握用柄；母範鑄口上有幣值銘文「五銖」字樣，為反書陰文篆體，範板上有與公範乳狀榫相應合的圓洞形卯。這件銅範是直接用來鑄幣的金屬範，因其範板鑄口銘文為陰文反像，是用其鑄造陽文正像錢幣的，它充分體現了當時江西先進的鑄幣技藝，因為金屬範的鑄造是青銅錢幣鑄造技術史上一項重大進步成果。此前，鑄幣多用陶土範，錢成範毀，一次一範，鑄範不規格，銅錢的外觀形狀、大小、輕重也不一致。金屬範可以長期反覆使用，只要它本身做得細緻、規整，錢幣就精美、光潔，而且規格一致。

漢代江西的錢幣鑄造業規模很大。漢初，吳王劉濞曾在豫章郡開採銅礦，「招致天下亡命者盜鑄錢，煮海水為鹽，以故無賦，國用富饒。」[3]以致吳國的鑄幣遍布天下。相傳吳王劉濞鑄

2 劉敏華：《西漢五銖錢銅範》，《江西歷史文物》一九八七年第二期。

3 《史記》卷一〇六《吳王祝列傳》。《漢書》卷三五《吳王劉盼傳》有類似記載。此處「豫章郡」，舊注多認為系秦時「郭郡」，漢之「丹陽郡」之誤，「豫」為衍字。對此，清代江西金溪人王謨在《江西考古錄》中進行了考辨，指出：「然考史記吳王本傳下言：有詔削吳會祒郡、豫章郡。則豫字非衍文也。……吳既得有豫章郡，豫意郡又實有

錢場所在南昌市郊西山，「鑄錢之山，時有夜光，遙望如火，以為銅之精光」[4]。其盛況可見一斑，在吳王的大力開發和經營下，豫章銅山遂成為全國最大的一處銅幣生產基地。近年來，江西安遠、寧都、贛縣、橫峰、余江、修水、南豐、樂安等地曾多次發現錢幣窖藏，出土有大量漢代錢幣，正是當時大量鑄造錢幣的實物例證。

3. 銅鏡的鑄造

戰國時期，楚國是中國鑄鏡技藝最為發達的地區，所鑄銅鏡精緻華美，古樸典雅，無論鑄造工藝還是裝飾藝術都比中原地區技高一籌。長期隸屬楚國的江西深受楚文化影響，兩漢時期又繼承了先秦時期楚國手工製作業遺風，銅鏡製作工藝處於全國領先地位。漢代江西是銅鏡的主要鑄造區域。早在戰國時期，屬於楚境的江西已有成熟的鑄鏡技藝。漢代江西成為全國銅鏡的主產區，典型的銅鏡有蟠螭紋鏡、草葉紋鏡、昭明鏡、透光鏡、尚方鏡、星雲紋鏡和百乳鏡等，它們在江西境內漢墓中都有出土，這些銅鏡銅質好，銅錫比例恰當，鑄工考究，其紋樣精細秀美，鏡面光亮照人，說明當時江西地區銅鏡鑄造業發達，鑄鏡工藝水平處於全國領先地位。

研究表明，漢代江西先民在鏡坯澆鑄成型後，曾使用了多種加工工藝和護鏡技術，以提高鏡面質量和延長使用壽命。這些工

銅山，則史記本無疑義，是皆說史者之過也。」

4 〔宋〕樂史：《太平寰宇記》卷一〇六《江南西道四・洪州》。

藝包括刮磨、去鏽、拋光、防鏽蝕等，有的在鏡背還採用了鎏金工藝。

古代鏡坯澆鑄成型後，無論使用怎樣光潔精緻的模範澆鑄，都不能使剛出範的銅鏡照出人物形象。因此，必須首先經過刮磨工序。在沒有現代基準平面磨床的條件下，先民們僅使用刮刀、磨盤等工具來「增損高下」，以消除鏡面的粗糙部分，使之形成平整的鏡面，還可以根據需要磨削出凹鏡和凸鏡，形成平整光滑的鏡面，達到鏡面所需要的曲率。

鏡坯經過磨削平整後，仍然不能使鏡面準確清晰地反映人物形象，還必須經過拋光，即「開面生光」工序。《淮南子・修務訓》記載，鏡面刮磨平整後，要「扢以玄錫，摩以白旃」。《淮南子・天文訓》記載：「明鏡之始蒙然（即鏡面平整度和光潔度差，漫反射嚴重，物象模糊），及粉之以玄錫，劘之以白旃（氈），則鬢毛可得察。」「鉛（黑錫）外黑，內含金華。」明代《多能鄙事錄》記載，古代磨鏡匠拋光方法是將白鐵（錫）粉碎為細小顆粒，爾後「用水銀研如泥，淘洗白淨」，再用白礬和鹿角粉「研極細始可用」。用時，將此方劑研磨膏敷於刮磨平整光滑的鏡面上，再用絲氈柔軟之物反覆推抹，水銀膏藥沾附鏡面後，鏡面便會變得又白又亮。水銀膏劑同時還具有防鏽蝕作用，一般經過拋光處理的銅鏡可以正常使用半年之久。江西地區考古發掘出土的西漢銅鏡雖在地下埋藏了兩千餘年，出土時仍然烏黑髮亮，可以清晰地照見人影。

新鏡開光後，如果長期在含有二氧化碳的潮濕空氣中使用，即使開光時已做過防鏽處理，半年之後仍會逐漸氧化，鏡面會出現銅斑銅鏽。針對這種情況，古代工匠使用豬、羊、犬動物苦膽等含鹼類物品做除鏽劑，在鏡面塗抹除去鏽漬。江西地區出土的許多漢鏡都沒有鏽斑，說明作為死者殉葬用的其生前使用過的銅鏡，是經過去鏽、防鏽技術處理的。

在銅鏡中有一種透光鏡，又稱「日光鏡」或「昭明鏡」，這是因為此類銅鏡背面兩週弦紋之間往往鑄有銘文「內清質以昭明，光輝象乎日月，心忽揚而願忠，然壅塞而不泄」，或銘「見日之光，天下大明」，或「見日之光，長毋相忘」等。這種銅鏡的外形與一般鑄有吉祥語的銘文鏡沒有多大差別，特殊之處在於當太陽光線或聚光燈照射其鏡面時，鏡背面的花紋圖案會反映在鏡面相對的牆壁上，所以中國古代先民稱之為「透光鑑」，西方人則譽之為「魔鏡」。這種銅鏡創製於西漢後期，萍鄉地區的先民同期掌握了該種制鏡技術，製作出了透光鏡，樟樹漢墓中也出土有同樣的日光鏡。據科技工作者研究，這種透光效應原理是對光的曲率變化的應用。鑄鏡時，鏡背花紋處凝固收縮，產生鑄造應力，研磨時產生壓力，形成了彈性形變，研磨到一定程度，鏡面產生與鏡背花紋相應而肉眼不易察覺的曲率，引起「透光」效應。

東漢時期江西銅鏡製作水平進一步提高。工匠們認識到微凸的鏡面「收人面令小，則鑑（鏡）雖小而能全納人面」[5]。於是鑄造的鏡面微鼓，以增強銅鏡的實用功能。這時期江西地區鑄造

5 〔宋〕沈括：《夢溪筆談》卷一九《器用》。

的銅鏡更為精緻，鏡背裝飾圖案流行高浮雕人物、神仙和祥瑞禽獸圖案，此類銅鏡叫畫像鏡或神獸鏡，表明當時贛鄱地區鑄鏡工藝深受同期江南鑄鏡業中心所在地江浙地區的影響，促使銅鏡產品的質量進一步提高。

二　鐵器鑄造業

1. 鐵的冶煉

考古工作者雖然迄今還沒有在江西境內找到確切的秦漢冶鐵遺址和鐵器鑄造作坊遺址，但通過考察出土的秦漢鐵器遺物，能大致瞭解秦漢時期乃至秦代以前江西地區使用鐵器的歷史，以及鐵冶煉和鐵器製作的大概情況。早在春秋末期，贛中北地區已開始使用鐵器。戰國時期贛鄱地區使用鐵器的區域更加廣泛。秦代時江西鐵製工具進一步推廣使用，但仍不及銅製工具使用廣泛。至漢代，贛北、南昌及贛中腹地的樟樹，贛西的宜春、萍鄉，贛東的撫州、樂安和黎川，以及贛南的贛州、於都和會昌等地都已使用鐵器，這些地區出土的諸多漢代鐵器雄辯地證明了這一史實。鐵器類型包括農耕工具、手工工具、兵器、生活用器、車馬具及其他鐵製機械構件（表 4-1）。這表明此時鐵器使用地域已推廣至全省各地，鐵器已經在生產、生活、軍事各領域廣泛使用。考古工作者發現的大量秦漢時期的鐵器，正是研究當時江西地區鐵冶煉和鐵器製作技術極為重要的實物證據，它充分證明了秦漢江西先民冶煉和製作鐵器的技術基本與當時全國同步，在使用燃料方面還處於全國同期先進水平。

出土地點	時代	器物名稱	材料來源
修水縣古市鄉橫山	西漢	鐵鏟一件、鐵鋤一件、鐵苗四件、鐵钁十四件；鐵斧一件、鐵鉤一件；車輨四件、圓管一件；鐵釜二件、鐵鍋一件	薛翹、程應麟：《修水縣發現戰國青銅樂器和漢代鐵生產工具》，《江西文物工作資料》一九六四年第四期
南昌市	漢代	鐵爸、鐵鍋、鐵刀	李科友：《江西考古調查發掘大事記》，《江西歷史文物》一九八六年八月增刊
南昌市青雲譜	東漢	長鐵刀、環首鐵刀	同上
南昌市青雲譜	漢代	鐵刀、鐵釘	同上
修水縣上奉鄉	西漢	鐵矛、鐵刀	同上
永新縣埠前鄉	東漢	鐵刀	同上
南昌市	東漢	鐵刀一件、鐵器一件（鏽蝕嚴重，無法辨別）	陳文華：《南昌市郊清理東漢墓一座》，《文物工作資料》一九六五年第二期

出土地點	時代	器物名稱	材料來源
南昌市絲網塘	漢至六朝	鐵盆一件、鐵匕首四件	薛翹：《南昌市絲網塘清理一座漢墓》，《文物工作資料》一九六五年第三期
修水縣渣津	東漢	鐵爺一件、鐵刀一件	余家棟：《修水渣津發現東漢墓》，《文物工作資料》一九七六年第一期
九江縣玉兔山	東漢	鐵劍一件、鐵刀一件	梁藹立：《九江縣玉兔山發掘一批古幕葬》，《江西歷史文物》一九八一年第一期
贛州市蟠龍鄉	東漢	鐵劍二件、鐵刀二件、鐵匕首一件、鐵鉤二件、鐵馬釘二件	薛翹、張嗣介：《贛州發現漢代畫像磚墓》，《江西歷史文物》一九八一年第三期
萬載縣大橋鄉	東漢	鐵刀一件、鐵匕首一件	劉建等：《萬載縣曾家灣東漢墓》，《江西歷史文物》一九八三年第三期

出土地點	時代	器物名稱	材料來源
上猶縣梅水鄉	東漢	鐵矛一件	李坊洪：《上猶縣東漢墓群的調查》，《江西歷史文物》一九八四年第二期
樂安縣戴坊鎮	西漢	鐵刀一件	黃愛宗、梁愛民：《樂安出土的古兵器》，《江西文物》一九八九年第三期
宜春市下浦鄉	漢代	鐵刀四件、鐵茶二件	江西省文物考古研究所、宜春市博物館：《江西宜春下浦壩上古墓群發掘報告》，《江西文物》一九九一年第二期
宜春市南廟鄉	東漢	鐵刀三件、鐵簽一件、鐵三足架一件	曾和生：《江西宜春東漢墓清理簡報》，《南方文物》一九九三年第三期
萍鄉市	東漢	鐵茶一件、鐵洗一件	《萍鄉市郊區清理一座東漢墓》，《文物工作資料》一九七六年第四期
樟樹市郊武陵	東漢	鐵匕首一件	黃頤壽：《江西清江武陵東漢墓》，《考古》一九七六年第五期

出土地點	時代	器物名稱	材料來源
贛縣三溪鄉	東漢	鐵刀一件、S 形鐵器一件、凹形鐵器一件弓形鐵器一件、針狀形鐵器一件	賴斯清：《江西贛縣三溪東漢墓》，《南方文物》一九九三年第一期
德安縣九岡嶺	東漢	鐵刀二件、鐵鉤一件	江西省文物考古研究所、江西省德安縣博物館：《江西德安九岡嶺漢墓群》，《南方文物》一九九八年第三期
新余市南安鄉	東漢	鐵匕一件	《江西新余東漢窯爐、東漢至隋唐墓葬清理簡報》，《南方文物》二〇〇三年第二期
安福縣楓田鎮	東漢	環首鐵刀一件、鐵盆並三足鐵圈架一件，鐵劍二件	安福縣文化局：《江西安福楓田清理東漢墓》，《南方文物》二〇〇四年第一期
南昌市昌北區	東漢	鐵器	《〈三座晉墓洪城重見天日〉追蹤：・墓室主人是東漢富人》，《江南都市報》二〇〇三年十月

出土地點	時代	器物名稱	材料來源
南昌市昌北區	東漢	鐵器	《（工地挖土機「驚醒」六朝墓）追蹤：第一件文物出土「身分」難辨》，《江南都市報》二〇〇六年六月五日
蓮花縣工業園區羅漢山	西漢	鐵器	《蓮花發現漢景帝之孫墓》，《江南都市報》二〇〇七年六月六日
樟樹市	東漢	鐵苗1件	樟樹市博物館藏

江西地區銅礦資源豐富，林木豐茂，先秦時期就已經有悠久的冶煉青銅的歷史，先民們很早就積累了豐富的冶煉金屬的經驗。同時，在長期燒製陶器和原始瓷器的過程中，還掌握了先進的砌結窯爐技術和高溫熔鑄技術。這一切，都為江西早期鐵的冶煉準備了必要的技術條件和物質條件。在中國冶鐵史上，春秋末期的吳、楚兩地為冶煉先驅；戰國中晚期時楚國成為中國冶鐵技術最為發達的地區之一。而江西地處「吳頭楚尾」，在楚國鐵冶業發展之時恰屬楚境，所以江西鐵冶煉業的發端時期具有地緣優勢。優越的條件為秦漢時期江西鐵冶煉業在較高起點上得到發展提供了保證。

中國早期冶鐵以木炭做燃料和還原劑，與先前冶鑄青銅完全一樣。這在當時還沒有發現和發明新的燃料之前是十分先進的。

江西早期鐵冶煉也是如此。但是，用木炭做燃料和還原劑存在著不可克服的侷限性，即木炭燃燒時往往不能產生理想的高溫，況且不能持久；其次是冶煉過程中必須不間斷地往爐內補充木炭，煉爐的開啟關閉和燃料的更替會影響爐溫升高。

漢代，豫章郡建成縣（今高安）居民已使用煤炭為炊事。這是中國歷史上以煤為燃料的最早文獻記載。當時，冶煉是一件事關國計民生、國家力圖掌控的新生產業，煤炭作為一種新發現的優質高效燃料，既然已經使用於炊事，[6]不難想像它也會使用於冶鐵業。河南鞏縣鐵生溝漢代冶鐵遺址出土的煤塊、煤餅、煤渣，說明漢代先民已經掌握了採用煤為燃料冶煉的技術。因此，人們推斷漢代江西冶鐵業在改良燃料技術方面走在全國的前列，可能已經使用煤炭作為燃料冶鐵。儘管人們在當時還沒有完全掌握煤炭的物理化學性質，但對於冶鑄生鐵來說，使用煤炭作燃料已是一項意義重大的技術進步。

早在商代中晚期至西周初期，樟樹吳城和鷹潭角山的先民已經在燒造原始青瓷的過程中創造出攝氏一千一百五十度到一千二百度的窯爐高溫氣氛，並結砌出耐高溫和保溫性能較好的龍窯、馬蹄形窯。秦漢時期，江西原始青瓷業繼續發展，至東漢晚期，贛中腹地豐城的羅湖缺口城和石灘港塘的先民在龍窯中，創造出能夠燒造成熟青瓷的高溫狀態（青瓷燒成溫度一般在 1200℃左右）。在瑞昌銅嶺商周礦冶遺址也發現有完整的煉爐遺存。歷年

6 《後漢書志》第二十二《郡國四》注引《豫章記》。

考古發掘出土的江西地區的秦漢鐵器，大多為鑄鐵，經成分分析它們是採用高溫還原冶鑄而成的，說明當時的江西先民在冶鐵業中使用了與燒製青瓷同等水平的高溫煉爐和技術。

根據對江西地區出土的大量秦漢鐵器的金相分析，多數學者認為江西秦漢時期冶鐵方法主要採用塊煉法和高溫還原法。所謂塊煉法（又稱固體還原法），即使用木炭為燃料，將鐵礦石焙燒成疏鬆的海綿鐵，再以反覆燃燒、敲打的辦法除去其中雜質，冶煉成鐵。這種方法是在戰國時期發明的。它的缺點是所冶之鐵含雜質多，夾雜物氣眼分布不均勻，產品質量很低，且加工過程中勞動強度過大。高溫還原法又稱液態冶煉法，即在石、磚或耐火泥壘砌的煉爐中，採用煤或木炭為燃料，在高溫中冶煉出液態金屬鐵的方法。使用這種技術生產的鐵純度高，因為在液體狀態時，鐵內雜質由於比重小，容易浮出而被去除。顯然，使用這種冶煉方法不僅產品質量高，工匠的勞動強度也減輕了許多，大大提高了生產效率，這種技術雖在戰國時期已經產生，但在秦漢時期仍是一項十分先進的技術，因為在此後漫長的歲月裡世界上並沒有發明其他更先進的方法。歐洲人直到一千五百年後才掌握這種高溫還原法。

2. 鐵器的鑄造

秦漢時期江西境內製作的鐵器種類繁多，其中數量最多的是犁、鏵、鐽、钁、鍤、鋤、耙、鐮、斧、錘、刀等農業和手工業工具，其次是劍、戟、刀、矛、匕首等兵器，還有少量釜、燈、鍋、火盆等日常生活用器。先民們在製作這些不同器形和用途的鐵器時，使用了不同的材質和工藝。大體而言，製作一般的鐵製農具和車馬用具多使用生鐵鑄造，製作兵器和需要銳利堅韌刃口的鐮、鋤、鏟、斧等工具，常使用熟鐵和滲碳鋼鍛打而成。

生鐵鑄造需要經過制模、烘範、熔鐵、澆鑄四道工序。先秦時期使用的陶制模範至漢代仍在沿用。陶制模範經高溫燒烤，能夠保證澆注入范的液態生鐵慢慢地冷卻，十分符合鑄造相關鐵器的性能要求，但是器物表面粗糙。除陶範外，江西在漢代還使用金屬範來鑄造鐵器。一般來說，金屬范鑄成的器物器表光滑，外觀更加平整。不管採用何種模範來鑄造鐵器，鑄成品都很硬脆，缺乏韌性，抗衝擊能力差，容易殘斷，這是因為鑄鐵含碳量高的緣故。生鐵鑄件只有經過脫碳熱處理後，才會相對柔軟，增強韌性而不易脆斷。

據文獻記載和專家推斷，秦漢時期鋼鐵熱處理技術主要有淬火、石墨化處理和脫碳處理。《史記》、《漢書》記載，當時的先民不但懂得清水淬火可使鐵製兵器的刃部鋒利，而且知道使用不同地方的江水淬火所產生的效果不同。我國早期生鐵是含磷量很高的白口鐵，要想在日常生產和生活中使用，必須進行脫碳的柔化熱處理。對於柔化熱處理的具體操作方法，專家們推測，或是將鑄好的毛坯件密封在陶制罐裡，然後放入高溫爐中，使毛坯件在與氧化還原狀態的爐氣隔絕環境中長期受熱，再緩慢冷卻，鑄件便可得到較好的石墨化處理；或是將白口鐵鑄件埋在鐵礦石或其他氧化性介質中長期加熱，使鑄鐵脫碳。這兩種推測比較符合當時的物質和技術條件。從考古資料分析，當時江西工匠已經掌握了淬火技術和柔化熱處理技術。

錘鍛加工是秦漢時期廣泛採用的一種工藝，江西地區出土的漢代兵器和部分農耕工具大多使用這種工藝製作。錘鍛加工使用塊鐵為原料，經過反覆鍛燒和錘打成器。漢代早期用塊煉滲碳鋼經反覆加熱鍛打，以改良鋼質，這種所謂的「百煉成鋼」工藝是一種新出現的技術。這種技術是將固態的鋼經反覆加熱摺疊錘打，需要付出艱巨的體力勞動，與後來六朝時雜煉生柔的灌鋼技術相比要原始得多，但與先秦時的鍛造技術相比，還是十分先進的。錘鍛加工製成的鐵器中夾雜物大大減少，內部組織亦較為均勻。清同治《德興縣誌》記載：「漢高帝時，吳芮部族嘗鑄印、淬劍於德興之南山。」江西境內出土的漢代兵器中，已有用滲碳鋼鍛制而成的鐵劍，如南昌塘山東漢墓出土的鐵劍，長一點三米，不僅材質和鍛造工藝優良，還配有精緻的裝飾，說明漢代江西工匠擁有高巧的鐵器製作技術。

三　其他金屬器的加工

秦漢時期，江西在青銅冶鑄業發展過程中，銅、錫、汞等金屬也得到進一步的開發利用，尤其是錢幣鑄造在西漢時有重大進展，開始使用含鋅量高的銅合金。同時，金、銀等貴重金屬的開採加工，也已開始成為江西地區手工業中的重要行業。

《史記・貨殖列傳》記載：「豫章出黃金」。《正義》引《括地誌》云：「江州潯陽縣有黃金山，山出金。」《漢書・地理志》記載更詳細：鄱陽縣「武陽鄉右十餘裡有黃金采」。師古曰：「采者，謂採金之地。」其他史書或方志都有類似的記載，指明潯陽、鄱陽等贛北一帶及樂安江中有金礦和沙金。南昌等地漢墓中也出土有一批金戒指和指環，宜春漢墓中出土有金箔殘片，有些銅器上還採用鎏金工藝或錯金銀工藝。這些金飾用品表明，古文獻中有關漢代江西有黃金開採的記載完全正確，同時也說明當時工匠們已掌握了熔煉黃金技術，並使用鑄造和錘鍛兩種工藝方法製作戒指、指環、金箔等黃金飾品。

對於江西的銀冶煉，由於至今還沒有發現漢代采冶銀礦遺址，故難有定說。近年來，在江西境內陸續發現中國最大、保存較完整的古銀礦遺址，如上高縣南港鎮蒙山古銀礦遺址、德興市銀山礦古遺址等，說明江西自古便是銀礦資源豐富的地區。在南昌、宜春等地漢墓中出土有銀髮釵、銀手鐲、銀指環等許多銀製飾品，這些銀製飾品做工精緻，具有較高的工藝價值，表明當時的銀器加工也已達到較高的水平。

四　陶瓷燒造業

1. 秦與西漢陶瓷器

陶瓷燒造是江西最具特色的傳統手工業，從新石器時代的印紋陶器，到商周時期的原始青瓷器，至秦漢時期已能製造較為成熟的瓷器，就連後來成為著名瓷都的景德鎮在史籍中也記載著「新平冶陶，始於漢世」[7]。

江西可以確定的秦代陶器是一九七六年春遂川藻林出土的盛放有銅戈、銅矛、銅鏃的印紋硬陶罐，此罐器腹部分裝飾有葉脈紋和方格紋的組合紋樣，近底部飾一週回字紋樣，此類紋樣裝飾

7　清同治《浮梁縣誌》卷一二《雜記下》。「新平」即景德鎮。

與新建昌邑和樟樹戰國中晚期墓葬出土的印紋硬陶器紋飾幾近相同。

考古資料證實，西漢時期江西陶瓷製造與戰國時期相比有著明顯的區別。這時江西瓷器的燒造已由原始青瓷器向青瓷器過渡。西漢原始青瓷器較戰國以前的原始青瓷器釉層增厚，上釉方法由浸釉演進到刷釉，改變了戰國時期拉坯成器和線割器底的成型技法，較普遍採用底身分制與粘接成器工藝，在品種與紋樣裝飾上也有顯著的變化。

漢代，在長江中游的兩湖以及江西西部「楚尾」地區生產的陶器品種和形制與中原地區漸趨接近，但仍保留有楚文化原有的傳統特徵。兩漢墓中常見陶瓷器器形有鼎、釜、甑、碗、盆、盒、壺、罐、盉、灶、倉、井、屋、熏爐等。西漢前期多鼎、盒、壺、罐等。西漢中期至東漢早期又增加了博山爐、碗、盆、釜、甑、盉、爐等，並出現灶、倉、井、屋、俑、豬、犬等造型的明器。東漢時期陶鼎已少見。漢代陶瓷器的主要紋飾有弦紋、刻劃紋、方格紋、水波紋和彩繪等。[8]

迄今經考古發掘的西漢墓葬有南昌老福山西漢木槨墓、南昌東郊賢士湖畔西漢墓群以及南昌、南康、修水、高安、宜春等地發現的西漢墓，其中以南昌地區西漢墓的出土資料最為豐富，為西漢時期陶瓷器的分期斷代提供了珍貴的實物依據。這批漢墓的形制除南昌老福山木槨墓和宜春木槨墓之外，其餘均為土坑豎穴

8　余家棟：《江西陶瓷史》，河南大學出版社一九九七年十月版。

墓。從所出數百件陶瓷器的胎釉、形制、紋飾以及伴出的青銅器、石器、玉器和銅錢推斷，其燒造年代可分為西漢早、中、晚三個時期。

西漢早期陶瓷器以一九八二年九月南康蓉江鎮嶺背村西漢墓出土的陶器瓿、壺、罐等為代表。其中陶瓿為斂口、短唇、扁鼓腹、平底。腹部飾五組複線弦紋，上部飾四組弦紋、繩狀齒紋組合，下部飾一組弦紋、篦紋組合，肩塑一對稱鉤連雲紋半環耳。此類陶瓿與廣東肇慶北嶺戰國晚期瓿極為近似，明顯具有濃厚的嶺南地方特徵。嶺南為古代南方百越民族聚居地區，東周以後受楚文化和中原文化影響較深。嶺南地區西漢早期瓿可分為大瓿、小瓿和三足瓿等，既可作實用器，也可作隨葬明器。嶺南早期墓隨葬明器的組合形式多為甕、罐、釜、鼎、壺、鈁、瓿、三足盒等。西漢中期以後才開始有井、倉、灶等陶明器隨葬。所出陶壺、陶罐均飾方格紋，其形制與紋飾為江西境內西漢早期墓所習見。這批陶器應為西漢早期燒造，並具有嶺南地方特徵。[9]

西漢中期陶瓷器以一九六四年秋南昌老福山西漢木槨墓以及賢士湖畔、老福山南蓮路等地發現的西漢土坑豎穴墓出土的陶瓷器為代表。陶瓷器有鼎、敦、壺、壇、甕、罐、豆、盒、壺、雙系罐，以及陶屋、灶、釜等。老福山木槨墓所出仿青銅陶禮器鼎、敦、壺共兩套，均為泥質灰胎。其中陶鼎為子母口，塑對稱

9 黃謨彬：《南康縣清理一座西漢墓》，《江西歷史文物》一九八四年第二期。

扁方形附耳，器壁稍往下收，圜底，下設三對稱矮蹄形足，鼎身飾方格紋，蓋頂塑三個對稱乳頭形假鈕，中心有一長條形假鈕，形制頗具戰國晚期到西漢早期陶鼎之遺風。[10]

南昌東郊賢士湖西漢墓典型的仿青銅陶禮器有鼎、豆、壺等。其中陶鼎為方耳，三矮蹄足，圜底，蓋作覆碗狀，耳稍外撇或稍外仰，蓋頂塑橋形鈕，鈕旁飾三乳釘，器身飾方格紋，器口沿飾弦紋和水波紋。陶盒呈覆碗狀。陶壺可分為六種不同形制，多喇叭口、雙直系、系飾葉脈紋、繫上塑有鋪首、肩部飾弦紋間斜點紋或水波紋。壺有硬質灰陶和釉陶兩種。釉陶色澤晶亮，胎質白淨細膩，胎釉結合緊密。陶罐多為硬質灰陶，器表飾方格紋或水波紋，器腹刻劃有「八十」、「六」、「九十」、「百卅」和「四斗」等銘文。陶雙唇罐有的內唇低於外唇，有的雙唇等高或內唇略高於外唇，腹部飾方格紋、水波紋和弦紋。陶屋系泥質軟陶，為廡殿式建築，平面呈長方形，高二十六釐米，寬三十九釐米，為一廚房模型，分前後兩部分，前面右側為灶，有灶門，灶面設有二火眼，火眼上置釜、甑和鍋；前面中間有一臼；後面用隔牆分為兩間，隔牆兩側留有通道；右邊一間在角隅處再隔出一小方間，小方間牆下有一洞穴，似為畜廄；左邊一方間似為儲藏室或奴婢臥室。[11]

10 江西省文物管理委員會郭遠謂：《江西南昌老福山西漢木槨墓》，《考古》一九六五年第六期。

11 江西省博物館：《南昌東郊西漢墓》，《考古學報》一九七六年第二期。

圖 4-4　西漢青瓷蓋鼎（南昌市出土）

圖 4-5　西漢雲氣紋釉陶壺（南昌市出土）

各類陶器多為火候很高的灰胎質硬陶。不少陶器施有薄釉，釉呈灰黃色或灰綠色。其中南昌東郊賢士湖畔西漢墓所出壺、罐，從胎釉結合看，比老福山西漢墓所出青釉陶壇更進步，似已接近東漢青瓷器之水平。鼎、敦（豆、盒）、壺為西漢早期流行的隨葬仿銅禮器組合。其中各墓未見西漢晚期的陶倉、水井模式或東漢盛行的案、盤、奩、杯等器物。南昌第四機床廠人防工地西漢墓所出陶甕為嶺南地區西漢墓流行器。[12]

西漢晚期陶瓷器以一九八三年初南昌老福山公交公司基建工地西漢晚期墓出土的陶瓷器為代表。陶瓷器有鼎、壺、雙唇罐、

12　程應林：《第四機床廠人防工地發現西漢墓一座》，《文物工作資料》一九七三年第五期。

罐以及青瓷鍾等。其中，青瓷鍾在西漢早、中期墓中未見，一批早期青瓷器釉汁瑩潤光亮，已接近成熟型青瓷器的工藝水平。伴出有「五銖」和王莽「大泉五十」等錢幣表明，這批陶瓷器當屬西漢晚期燒造。[13]

2. 東漢陶瓷器

從幾乎遍及江西各地的東漢墓葬出土的陶瓷器種類看，灰胎質陶器數量最多，其次為低溫綠釉陶、青釉陶和青瓷器等。在陶器的組合中，有沿襲戰國葬俗的鼎、敦（豆）、壺為代表的仿銅陶禮器；有倉、灶、水井為代表的整套生活用明器；也有案、盤、杯等為代表的整套祭器模型，具有明顯的仿漆器特徵。在這些陶瓷器組合群中，既顯現有中原地區的社會特徵，更多的則反映了南方楚越文化習俗。如除西漢常見的矮足鼎、盒、壺、罐之外，還增添了碗、盆、甑、缽、四系罐和熏爐等，都具有江南地區的葬俗特徵。隨葬雞、犬、豬、羊等家畜和圈舍以及住宅、城堡等模型，在中原地區是東漢中期盛行的葬俗，而江西和江南地區則要到六朝時期才盛行隨葬此類器物。

根據東漢墓葬出土的陶瓷器實物分析，江西東漢陶瓷器可劃分為早期與中、晚期兩個階段。

東漢早期陶瓷器以一九五七到一九八九年間樟樹、南昌、遂川和修水等地二十二座墓葬出土的陶瓷器為代表。墓葬形制可分

13 許智范：《南昌市老福山西漢墓》，《江西歷史文物》一九八三年第三期。

圖 4-6 東漢綠釉陶灶（1960 市南昌市出土）

圖 4-7 東漢方格紋壺（萍鄉市出土）

圖 4-8 東漢青瓷四耳壺（1965 年南昌市出土）

圖 4-9 東漢青瓷細方格紋罐

為土坑豎穴墓和長方形單室券拱磚室墓兩種。陶器的陶質大致可分為四類：一類為泥質灰陶，火候低，少量外施朱紅彩；一類為夾砂泥質灰硬陶，火候很高，有的外施深褐色釉，釉汁不勻，有的無釉；一類為夾砂紅陶；一類為紅胎綠釉陶。主要器形有罐、甕、盉、鼎、豆、壺、奩、案、灶、倉、水井、釜、甑、鉢、碗、壇、簋、雙唇罐、把杯、燈等。早期墓葬以出土灰陶器為主，除綠釉奩外，紅胎綠釉和青瓷器極少見。紋樣裝飾主要為方格紋、弦紋和水波紋。

東漢中晚期陶瓷器以一九五八到一九九〇年間南昌、永新、萍鄉、萬載、上猶、宜春和贛縣等地六十三座墓葬出土的陶瓷器為代表。墓葬形制有長方形、凸字形、梯形、刀形、亞字形和多耳室型等單室券頂、雙室券頂磚室墓，大致可分為甬道、前室和後室三部分。出土器物有陶灶、釜、甑、鍋、鼎、豆、壺、奩、罐、水井、水桶、倉、洗、壇、耳杯、熏爐、四系罐、甕、鉢、碗、火盆、紡輪以及綠釉陶案、盤、耳杯、灶、釜和筒瓦等。釉陶器僅見壺類器。青瓷器有虎子、壺、雙唇罐、罐、缸、鉢等。陶質可分為泥質灰軟陶、夾砂灰硬陶以及紅胎綠釉陶等，部分施青綠釉、淡黃色釉或涂硃。常見的紋飾有方格紋、弦紋、單線與複線水波紋等。

江西東漢中、晚期墓葬出土的器物常見的有灶、水井、倉、案、鍋、釜、水桶等。特別是紅胎綠釉陶案、盤、耳杯、倉、灶等更是此時墓葬盛行的隨葬明器，大體與長沙地區東漢墓葬出土物相近似。從南昌青雲譜發現的東漢墓資料看，隨葬器物倉、灶、水井、釜、甑、鍋、奩、鼎等多置放於墓前室兩側；案置放於後室前端正中，案上置耳杯、盤等；甕罐等置放於墓室四角。[14]

14 江西省文物管理委員會：《江西南昌青雲譜漢墓》，《考古》一九六〇年第十期。

3. 考古發現的東漢窯址

中國的原始瓷器出現於商代，經過漫長的歷史階段演進、發展和提高，一直到東漢晚期才最終完成由原始瓷器向瓷器的過渡。

圖 4-10　東漢陶倉（1988 年宜春市出土）

圖 4-11　東漢陶燈（1988 年宜春市出土）

圖 4-12　東漢青瓷雙耳罐（豐城市贛江沉船）

圖 4-13　東漢青瓷雞首壺（豐城市贛江沉船）

關於瓷器的起源是陶瓷史研究的熱點問題。早年一般認為中國瓷器出現於魏晉時期，後來隨著河南鄭州二里岡、安陽小屯、湖北黃陂盤龍城和江西樟樹吳城等地大量商代原始瓷器的出土，又引起了人們對瓷器起源問題的廣泛關注。原始瓷器用瓷土作坯，外施薄釉，在較高的窯溫中燒成，已初步具備瓷器的基本特點。同時，在江西、江蘇、浙江、湖南、湖北、四川、河北、河南和安徽等地東漢墓葬和窯址中出土的東漢晚期瓷器，品種多，數量大，質量高。更重要的是自二十世紀七〇年代以來，在江西和浙江等地發現了多處東漢瓷窯遺址，窯址的產品與墓葬出土的瓷器近似，這就為大江南北發現的東漢瓷器找到了產地。目前，多數學者認定，商周時期尚處於瓷器的原始階段，故而稱之為「原始瓷器」，瓷器應該出現於東漢中晚期。考古資料證明，江西與全國各地一樣，真正成熟型瓷器的出現始於東漢，這是江西

圖 4-14　港塘新村東漢窯遺址

陶瓷史上最輝煌的成就之一。

南方的青瓷和北方的白瓷並駕齊驅，競展風采，它的胎質細膩，火候較高，釉汁晶瑩，吸水率低。青瓷在坯胎上施含有鐵元素的釉，在還原氣氛中燒成，由於鐵元素的呈色作用，經高溫焙燒呈現青色，如焙燒時還原氣氛掌握不好，釉面則會呈現偏炒米黃色。青瓷的成功燒造，是由於當時更注重原料的精選，改進了釉料配製和施釉技術，逐步改善了窯爐結構，火候的掌握也更趨嫺熟，表明江西青瓷的燒造技術和工藝水平已經迅速提高。除贛中的南昌、新建、樟樹，贛北的湖口，贛西的萍鄉，贛南的南康等地東漢墓出土的陶瓷器之外，考古工作者還在豐城港塘尋找到了燒造青瓷器的窯址（圖 4-14）[15]。

一九八三年初開展文物普查時，豐城市博物館的同志在豐城故縣城遺址附近的港塘村，發現一批漢、晉、南朝時期的青瓷窯址，窯址範圍全長約一點五公里，寬約〇點二五公里，占地面積約七點五萬平方米。一九八九至一九九二年間江西省文物考古研究所對其進行過多次複查。

港塘窯址位於石灘鄉港塘村，在豐城故縣址的近旁。窯址分布在港塘村的新村、港塘小學前和清豐河畔一帶，皆坐落在與贛江相通的清豐河畔。一九九二年十二月下旬試掘時出土的典型器物有青瓷雙唇罐、罐、盤口壺、盤、盞、支座、陶狗等。港塘新村窯址形似一饅頭形山包，現被挖去一半，從斷面看已暴露出東

15　余家棟：《江西陶瓷史》，河南大學出版社一九九七年十月版。

西間並排的三座龍窯遺跡。其中左右兩座龍窯僅能看出部分痕跡，中間一座縱向被挖掉一半多，從斷面上看共有九層燒結面，長約十餘米，寬約二米，傾斜度前面為十九度，後面為九度，燒結面厚約五釐米（圖 4-15）。從窯床附近採集的器物有各式青瓷罐，推斷窯床砌建的時代約為東漢晚期。

窯址出土的青瓷罐可分為折沿、卷沿、平沿等幾種，肩塑雙豎耳或雙橫耳，胎呈黑灰色或灰泛紅色，器表施青泛深黃色或青黑色釉，飾麻布紋、弦紋和水波紋等。清豐河窯出土的青瓷盤，淺腹，平底，灰白胎，釉已剝落，口沿內側刻飾弦紋二道。所出青瓷盅，深腹，假圈足，深灰色胎，內壁滿

圖 4-15　港塘新村東漢龍窯遺址

圖 4-16　港塘新村東漢窯刻款支具

釉，外壁施半截釉，釉色青黃。港塘小學前面窯址所出支座，支面呈圓形，中部開一大圓孔，座壁鏤有圓形或三角形氣孔，胎質較粗，色澤呈深灰或深紅灰色，飾弦紋和麻布紋，其中還有一件施青黑色釉。

圖 4-17　港塘清豐河窯東漢青瓷盤口壺殘片

圖 4-18　港塘清豐河窯東漢陶塑

圖 4-19　《天工開物》琢玉圖

各類罐、盤口壺所飾麻布紋、水波紋與斜方格紋，均屬東漢晚期青瓷器常見紋飾，見於江西宜春東漢晚期墓、南昌東吳墓、新干西晉墓和南昌西晉墓出土的青瓷器。據此推斷，港塘新村和港塘小學前各窯址的年代當為東漢晚期至三國東吳時期；而港塘清豐河窯址的年代當為東漢晚期到西晉時期。

港塘是豐城故縣址所在地，其地理位置與行政區劃在唐代屬洪州管轄，所以港塘窯亦應是洪州窯的創燒地，也是江西最早的青瓷發源地，它比景德鎮瓷器燒造要早千餘年，也是中國瓷器的最早發源地之一。以往《中國新聞報》和《人民日報》（海外版）曾報導過，中國瓷器的故鄉是浙江上虞縣。從現已掌握的考古資料分析，江西豐城亦是中國瓷器的故鄉之一。

圖 4-20　西漢谷紋玉璧（南昌市出土）

五　玉石雕琢

「玉，石之美者。」其質溫潤柔和，其色晶瑩剔透，在中國古老的傳統文化中，玉是溝通神靈的聖物，也是闢邪殮葬的靈物，常被用於祭天祀地和美化生活。它既是權力和財富的象徵，又是君子人格和品德的標誌。中國傳統的古玉泛指一切軟玉、各類彩石、瑪瑙、翡翠、綠松石和水晶等。考古發現的雕刻藝術品

圖 4-21　東漢螭龍紋玉璏（南昌市郊出土）

中，以玉雕藝術品最為絢麗多彩，亦最富藝術魅力。玉雕的品種多、用途廣、製作精、造型美，依其用途大致可分為裝飾品、觀賞品、禮儀器和其他雜項等類。

漢代玉器製作技術基本上沿襲戰國時代已定型的治玉成法，大致分為玉材切鋸成片、鋸出外輪廓、雕琢成粗型、雕刻線紋、鑽孔、修整器表和拋光等工序。雕琢之法實質上是用質堅細密的礦石細砂以磋磨玉料，使之成型。加工玉器的工具主要有鐵製的鋸、鑽和磨器等，拋光則使用木質或皮革製作的打磨工具「輪」。由於玉石的硬度很大，因此加工玉石比加工石器、骨器和角器要困難得多，必須使用金屬刀具進行雕琢。

圖 4-22　西漢滑石鈁（1974 年南昌市郊出土）

江西境內漢代墓葬中出土過不少玉器，如南昌老福山西漢木槨墓出土了五件玉器，有禮玉璧（圖 4-19），葬玉琀、瑱和琫，以及人身修飾和鑲嵌劍身用的佩玉。在南昌東郊西漢墓中出土了一件舞女形象的玉雕，舞女一手甩袖於腰前，一手高舉拂袖於頭頂，舞姿優美，雕工巧妙（見插頁）。南昌塘山東漢墓也出土了玉劍佩，質地潔白堅硬，雕有精緻的大小蟠螭形象，圖案造型怪異，栩栩如生，體現出精湛的工藝製作水平（圖 4-20）。在其他一些漢墓中還出土了水晶珠、瑪瑙珠和琥珀裝飾品，證明玉器已在當時的日常生活中廣泛使用，玉匠也能根據實際需要雕琢加工出各種造型的玉器。

此外，在南昌東郊西漢墓中還出土了一批滑石器，器形有鼎、敦、壺、鈁、盒、甑等，雖然滑石的質地比玉石鬆軟，但同樣需要採用整套的玉石加工技術，不然不可能製作得如此規整端莊，光滑潔白（圖 4-22）。

六　漆器製作

中國是世界上最早使用天然漆的國家。早在原始社會時期，我們祖先就開始以漆為墨作畫，宋人高承《事物紀原》載「舜作食器，黑漆其上；禹作祭器，黑漆其外，朱畫其內」。新石器時代的浙江餘姚河姆渡先民就已掌握了制漆和用漆技術，在河姆渡遺址出土過一件內外有朱紅塗料、色澤鮮豔的木碗，這是早期的木胎漆碗。商周時期的漆器已有多處出土。到戰國時期我國的漆器工藝已達到相當高的水平。長沙馬王堆漢墓出土的形制多樣、精緻華美的漆器則贏得了普天下的讚譽。

江南地勢卑濕，很適宜漆樹生長，秦漢時期漆樹栽培幾乎遍布江南各地區。江西亦為漆樹的主要種植地區，生漆的產量很高。[16]

天然漆是用漆樹的膠質液體製成的。生漆是指從漆樹上取出

16　沈福文：《漆器工藝技術資料簡要》，《文物參考資料》一九五七年第七期；曹元宇：《中國化學史話》，江蘇科學出版社一九七九年版。

還含有水分的漆汁，經過日曬脫水後的深色稠狀漆汁稱為熟漆。先民們最初利用漆來黏連和加固物體，後來用漆塗抹器物表面，以期防腐防潮。在長期使用漆的過程中，他們又掌握了在漆內添加顏料和染料的技術，使漆器成為既實用又美觀的一種傳統手工藝品。在制漆的過程中，古代先民常常將油桐植物油摻和其內，使漆器色澤更為光亮，防腐、耐酸和耐鹼性能大為增強。

圖 4-23　《天工開物》漆器製作中的裝飾雕刻工序圖

漢代江西漆器使用已相當廣泛，製作工藝水平較高，漆器種類有耳杯、盤、壺、扁壺、盒和羽觴等飲食器，板和虎子等日用雜品，案和幾等家具，盂和盒等容器。不少漢代墓葬中棺木也經過髹漆。南昌老福山西漢木槨墓內出土的一百二十四件隨葬品中，就有七十多件漆器，器形多為漢代江南各地常見的典型品類，如盤、盒等，也有特色漆器，如羽觴和扁壺等，其中扁壺的紋飾較為精美，繪飾有朱彩獸首紋、捲曲紋和山字形紋等圖案。

漢代江西漆器成型工藝主要以雕木成胎為主，部分漆器採用卷木成胎，或脫模成胎的方法。雕木成胎一般經過削斫出粗型和再精雕細琢兩道工序。比較厚重的漆器木胎也有採用旋木成型的，圓形的日用器皿常採用此種旋木胎。卷木成胎方法適用於圓筒形漆器，即用薄木片卷粘成筒形胎，以木釘為榫接合，底部釘連圓木片，外壁再裱以麻布。脫模成胎的方法俗稱夾紵胎法，即以木、漆灰或泥做成漆器的內模，然後在模外裱以紵麻布帛，裱層定型後去掉內模，再在裱層胎內外髹漆，因此這種漆器又稱為「脫胎漆」。一般而言，卷木胎製作最為簡便，夾紵胎製作工藝最複雜，比較高級的漆器常用此製胎。器胎製成以後，還需經過上漆、描繪油彩花紋、雕刻銘文、成器修整等多道複雜細巧的工序，才能製作出一件精緻的漆器。所以，漢代《鹽鐵論》有「一杯棬用百人之力，一屏風就萬人之功」的說法。

圖 4-24　《天工開物》中用木模製作泥磚坯圖

漢代江南其他地區還發現採用金鈕、銀鈕、銅鈕、針刻和平脫等裝飾工藝製作的漆器，但迄今為止，江西地區還只是在六朝時期墓葬中有所發現。

七　建築業

1. 大體量的土作建築

西漢時的江西已出現王侯建築遊樂宴賞之地。漢武帝元光六

圖 4-25　《天工開物》中造瓦坯圖

年（前 129 年）立宜春侯國，「宜春侯劉成於城中立五台，其最勝者宜春也。高凡五十餘丈，植桃李萬計」。可見當時江西境內的高台建築至少有五處。西漢元平元年（前 74 年），劉賀封為海昏侯，食邑四千戶。劉賀來到江西就封國，築昌邑圍城，死後又築有工程浩大的「魂城」。西漢中期以後，江西經濟快速發展，人口增長迅速，從西元二年到西元一百四十年，豫章郡人口淨增近一百三十二萬口，由全國各郡的第五十三位躍居至第三位（僅次於南陽、永昌兩郡），戶數僅次於南陽郡，為全國第二位。[17]人口和戶數的增長，同時也意味著住宅建築的大量增加。

秦漢時期，由於陶質磚瓦的普及使用，住宅、宮署和高台建

17　陳文華、陳榮華主編：《江西通史》，江西人民出版社一九九九年版。

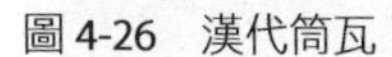

圖 4-26　漢代筒瓦

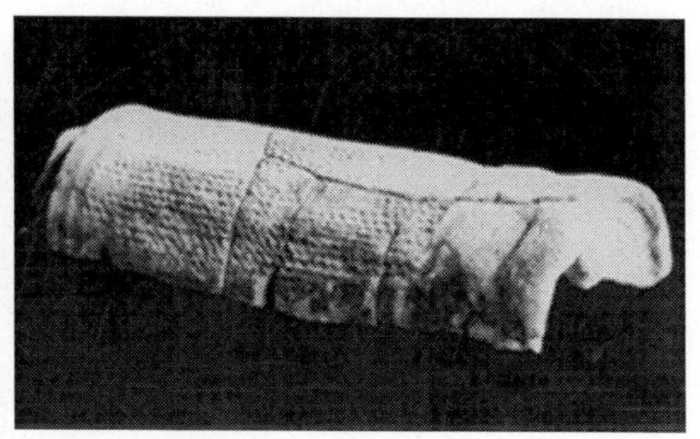

圖 4-27　漢代板瓦

圖 4-28　東漢印花紋瓦當（新建縣出土）

築與漢末的佛寺廟宇建築相比，土作量大為減少，土作量從原來的主要地位降低到從屬、輔助的地位。以高台建築為例，先秦時期的高台建築將土台夯成高高的階梯形，倚台逐層建木構房屋，藉助土台，以單層房屋形成類似多層建築的外觀。而使用磚木混合結構的高台建築，可以建構成多層樓閣建築，不用夯築大體量的高土台。東漢時期，高台建築逐漸減少，多層樓閣建築則不斷增加。至於住宅、官署、寺廟等房屋建築，除夯築屋內地面和台階等少量的土作外，大量牆體的土作為磚構所替代。

但是，秦漢時期的城牆和城基建築仍是大體量的土作建築，江西也不例外。如豫章和南壄土城牆的壘築、昌邑「紫禁城」的土作等。這些早期城牆都需要大體量的土作夯築。土築城牆的土城雖然粗糙簡陋，但在當時勞動力非常有限，鐵製工具又十分珍貴的條件下，民眾仍需要使用大量的木製工具，並通過人工碾壓和夯實，以提高泥土的密度和強度，達到抵禦風雨冰霜侵蝕和敵方刀兵火攻的目的，這無疑是一項艱巨的、勞動量很大的建築工程。

2. 磚瓦的推廣

秦漢時期，江西地區政治局面穩定，經濟日益繁榮，鐵工具使用日漸廣泛，生產力得到進一步發展，為建築工藝的進步準備了充分的物質條件，這首先表現在建築材料的製作上，不僅擴大了生產規模，而且提高了質量，最終促成了建築結構體系和建築造型由經濟適用步入藝術化的成熟階段。

先秦時期的建築仍處於土作和土木混作階段，建築材料以土和木材為主，也使用少量的陶質建材。西周時期已製作出陶瓦，但僅用於大型建築坡面屋頂的屋脊，以防止坡面交接處滲漏。春秋戰國時期，瓦的使用範圍擴大，但生產規模及品種仍十分有限。樟樹吳城商代先民使用沒有經過焙燒的土質磚砌築窯爐，表明江西地區最早的標準建材預製件已問世。戰國時期，耐水性強、剛度更高和尺寸劃一的陶質磚開始在建築中使用，但主要用於鋪地和砌築地基，還沒有用其砌築牆體，當時的牆體仍是木骨泥牆和版築夯土牆，或泥質土坯磚牆。

秦漢時期江西的陶制建材磚、瓦的生產規模擴大，品種增加，質量大幅提高。從調查、勘探漢代廬陵城址、昌邑城址、南壄城址、柴桑城址、麗城城址和各地漢代磚室墓葬中發現，當時的磚有方形、長方形、楔形和空心磚、畫像磚等品種。東漢陶磚表面多模印網紋、網錢紋、葉脈紋、魚紋和幾何圖案等裝飾花紋。陶瓦則有板瓦、筒瓦和瓦當等品種。板瓦、筒瓦飾以粗繩紋、細繩紋和檽紋。瓦當飾紋極為精緻，有獸面紋、卷雲紋和蓮瓣紋等裝飾圖案（圖 4-26、圖 4-27、圖 4-28、圖 4-29）。這些優質建築材料的生產是江西先秦制陶業在長期發展過程中經驗和技術不斷積累的結果。

圖 4-29　漢獸面紋黑陶瓦當（南昌市出土）

秦漢時期江西的建築開始普遍使用磚瓦，磚瓦不再侷限於在地基、地面、鋪作和屋脊結壓中使用，而且用來覆蓋屋面和砌築牆體。陶瓦經過焙燒，質地堅實，用其覆蓋屋頂增強了遮雨防漏、防風暴的能力，這對地處南方多雨氣候的江西來說確實是一項意義重大的建築用材改良。同時，板瓦和筒瓦組合覆蓋屋面，在屋面邊沿連接瓦當，對木料實施防水保護，有很強的實際功用，也對屋面起到了一定的裝飾作用。

江西在漢代已將陶磚應用於砌築房屋牆體、鋪地、砌灶、砌水井、砌穀倉、砌窯（磚瓦窯、陶瓷窯）以及構築磚室墓。雖然江西境內至今尚未發現秦漢磚構建築的地面遺存物，但從地下漢代磚室墓可以看出當時的磚材及壘砌的方法。其中平鋪的方法有平鋪接縫、橫豎錯縫、斜形接縫和斜形錯縫四種。砌築的方法有多種式樣的斗、眠、丁組合，最常用的是一門一眠的單丁斗子式。如果牆體較高，則下部眠磚砌築，上部構砌為單丁斗子。陶磚為形制劃一的建築預製構件，經過焙燒，質地堅固，耐火耐水，用其砌築墓室，克服了先秦木槨墓易腐爛和不能承受重壓的缺點。若用它壘築地面建築物牆體，可以克服木骨泥牆、夯土牆和土坯磚牆經不住風雨沖刷的缺點。正是由於陶磚具有耐水侵蝕的特點，才促成了房屋的屋頂由懸山式逐步改變成為硬山式。漢代江西住宅建築兩側牆體開始構砌各式各樣的山牆，在房屋密集區域用以防火和分界，同時也具有裝飾之美，這正是利用了陶磚的耐火特點。當然，陶磚的廣泛應用還標誌著中國古建築史上第一個階段——以土作和土木混作為主流的建築時代宣告結束，一個新的歷史階段——磚木混作建築的時代已經到來。

3. 木構架的完善

木構架是中國民族特色建築中的主要屋架結構方式。這種結構主要有三角梁架、抬梁式梁架、穿斗式梁架三種。先秦時期，江西地區屋架結構盛行三角梁架。這種屋架是在平樑上斜置「人」字型叉手，與平梁構成三角形梁架，以承托坡形屋頂。這種梁架要求進深方向的立柱對位，以榫卯方式連接柱、梁和叉手木構件，從南昌、高安、宜春等地發現的戰國和西漢時期的木槨墓葬可以看出，當時以榫卯方式連接木構的技術已十分成熟。採用三角梁架的結構方式是中國古建築史上早期木結構技術第一次意義重大的飛躍，與此前的平梁結構相比，它加強了木結構的橫向聯繫，使木構中的立柱不再需要栽埋，減少了面闊方向列柱的數量，有利於建築物內部空間的擴大。原由柱長決定建築物高度轉變為由柱長與梁架共同決定建築物的高度。直至西漢時期，江西地區仍然流行這種屋架。東漢時期，江西建築物屋架不僅有三角梁架，還有抬梁式和穿斗式梁架，尤其是穿斗式梁架最為普遍，在城鄉十分流行，並有取代三角梁架的趨勢。

穿斗式梁架是以進深列柱平位開鑿卯眼，再用多根水平穿枋穿插卯眼將進深列柱橫向連接起來，形成支撐坡面屋頂的屋架。其立柱多且密，不利於節省材料，也不適用於建築較高的房屋，但其結構牢固堅實，穩定性能好，施工簡便，所以在江南頗為流行。東漢以後，江西民間建築一直採用這種屋架結構。

抬梁式梁架是以兩根立柱承托縱向平梁，平樑上又立兩根短柱，兩根短柱上再置橫向平梁，如此層疊而上的木結構縱向聯繫方式。這種屋架可使建築物取得更大的跨度和高度，如果同時調整平梁長度及其上面的各層短柱的高度，可以根據需要改造屋頂的造型。這種屋架結構方式主要流行於北方，但在江西也有使用，而且常常是和穿斗式屋架結合使用。

江西的穿斗式梁架和抬梁式梁架在東漢時期已基本定型，結構和技術較為完善，並成為此後兩千多年間江西建築木結構的主流形式。這種木結構技術為建築造型藝術的發展提供了現實基礎，使先秦時期的四坡廡殿式和兩坡懸山式屋頂發展為廡殿、懸山、硬山、歇山、攢尖等多姿多彩的屋面形式。

4. 住宅建築的改進

住宅建築是人類最基本和最重要的建築類型，因地制宜、因材施用是其最突出的特點。江西地處亞熱帶，建築房屋時首先要考慮避風雨、遮陽光和抵禦潮濕，還要顧及接近水源、交通方便等問題。先秦時期，江西住宅建築創造了利於洩水、通風、防潮的坡面屋頂和木骨或竹骨泥牆，以及「干欄式」建築的傳統形式，住宅的朝向首先考慮通風，其次考慮日照。秦漢時期，隨著陶質建材的普遍使用和木結構技術的發展，江西住宅建築在承襲先秦優良傳統的基礎上，又有創新和發展。平面布局多為一堂二室，即堂在中間，居室在兩側，屋頂為木構架的懸山頂、廡殿頂。東漢屋頂出現硬山頂，木版夯築土牆，後出現承重磚牆。院落多為「日」字形，院落一角常蓋有豬圈和廁所。當時江西一些地主莊園內出現了樓閣建築。古文獻也記載了本地區漢代望族人士擁有布局嚴謹、多重院落組合的「府第」，以及讀書授徒的「精舍」。

這一時期，江西還出現了多層住宅建築樓屋。居住用的樓屋與登高望遠用的樓閣外觀及結構大體相同。它們與單層木構架房屋的不同之處，在於要使上層的立柱得到穩固的支撐。上層木構架中的立柱採取柱腳處加設地 的方法使其穩固，柱頭處連接額枋，以降低柱子的直立高度。有的還在柱身中部加一根「壁帶」（橫木），以使立柱能夠得到穩固的平衡力。漢代樓屋的上層立柱常採用這種方法保持其平衡。立柱與斜撐、額枋、壁帶、地 互相緊密連接，得到穩固的平衡，就可以與其他的木構件構成一個完整的木構架。

樓屋與樓閣建築技術的進步標誌著中國建築結構已趨於成熟。漢代江西先民已掌握利用斗栱作為支撐和裝飾樓簷的技術，在樓層之間設置平坐和腰簷。平坐和腰簷挑出，就像挑簷式屋頂一樣，既可保護牆體不受雨水沖刷，同時也美化了樓身，居住在此可以遮蔽陽光和憑欄遠眺。

樓閣式建築出現後不久，很快就與印度雄渾的宮殿建築風格融合為一體，形成了具有中國民族特色的佛塔——樓閣式塔。東漢時期佛教已傳入江西。根據歷史記載，現已確知東漢江西建有兩座佛寺。按照當時建寺必建塔的原則，東漢江西已有佛塔建築，其形制必是樓閣式塔，至於是木塔還是磚塔，已不得而知。

秦漢時期江西先民普遍信奉鬼神，為此興建了不少祭拜鬼神以祈禱消除災殃的「房祀」（神廟）。東漢順帝時（126-144 年），清流代表人物欒巴任太守「悉毀壞房祀」，禁淫祀[18]。東漢時期，佛教傳入江西，永平年間（58-75 年）今彭澤縣境內建安禪寺，元嘉元年（151 年）今浮梁縣境內建雙峰寺[19]。江西先民從此開始了創寺建塔的活動。

秦漢時期，江西地區先民的人居條件已有很大的改善。南昌地區東漢墓葬出土有屋形陶廁所明器，該廁所高大寬敞，左右兩間並列，懸山頂，坡面瓦壟高粗分明，前後及兩側山牆都出簷深廣，屋前台階堅厚寬廣，長方門。由於側牆與前後牆成水平高，懸山頂與側牆形成較大的通風空間，使廁所內濁氣能迅速排出。左右兩間並列，或許是男女分廁，也可能一間是廁所，另一間是

18 《後漢書》卷五十七《欒巴傳》。
19 〔清〕劉坤一、李文敏修，劉繹纂：《江西通志・勝蹟略》。

豬圈，因為同時代的江蘇、湖南、浙江地區出土的豬圈模型常常是廁所和豬圈建在一起的，以使豬糞與人糞一道經漚熟後用於肥田。東漢文獻也有記載：「深耕細鋤，厚加糞壤，勉致人工，以助地力。」[20]還有「廁溷合一」、「廁中豕群出」的記載[21]。可見當時的先民已認識到人居環境衛生的重要性，並將防止糞便污染與積肥改良土壤結合起來。

江西地區的漢代墓葬中還出土有陶灶和石灶，說明當時已十分注意家居的炊事衛生。灶的結構簡潔，但很科學，平面一般為三角偏彎形，整體型似粗短牛角。灶膛空間較大，以利用冷熱空氣對流迴旋，火力最大的火眼上置鍋，灶門上有防煙牆，以保持灶台上炊具清潔。灶台上有二個或三個火口，能同時給二件或三件炊具加熱，既可節省柴火，又可縮短烹飪時間。

漢代江西先民還十分注重打井，以保持生活用水的清潔。漢代文獻中有「浚井改水」[22]的記載，所謂「浚井改水」顯然有保持井泉清潔之意。江西地區漢代墓葬尤其是東漢墓葬中出土了不少陶制水井及附屬設備模型。如南昌市郊一座東漢墓中出土陶水井一件，筒形井體，井口設梯形架，架上安裝滑輪[23]；南昌青雲譜漢墓出土的陶井多達六件，各井內都有銅製或陶制小水桶，其

20 〔漢〕王充：《論衡・率性篇》。
21 《漢書》卷六三《燕刺王劉旦傳》。
22 《後漢書志》第五《禮儀志中》。
23 江西省文物管理委員會：《南昌市郊東漢墓清理》，《考古》一九六五年第十一期。

中一件也有安裝滑輪的梯形架。[24]這些實物表明秦漢時期江西先民已會使用滑輪取水，從這個意義上說，當時江西先民開鑿水井可能還有用其作灌溉之用的目的。

八　造船業

江西是造船業的發源地之一，因這一地區河流縱橫，水運暢通，其重要的地理戰略地位和豐富的林木資源，以及有長期因水鄉生活之需要而積累的豐富的造船經驗，造船技術便在全國遙遙領先。

秦代時南壄（今大余）設有贛江最南的一處水陸換載港口，船隻到此地後必須起卸改陸運。餘汗（今余干縣）地處信江下游，秦漢王朝征伐南方越人時，軍用物資要在餘汗中轉，因此這裡就成為較早的一處港口。其他如彭澤（今湖口）、鄡陽（今都昌縣西）、海昏（今永修吳城鎮南）、番（今鄱陽縣東北）、豫章（今南昌）、新淦（今樟樹）、巴邱（今峽江）、廬陵（今吉安）、南康（今贛州）、雩都（今於都）等城鎮也都是當時船隻往來停泊或修造地。[25]

秦漢時期，鄱陽湖區的造船手工業已相當發達。當時鄱陽湖區（時稱彭蠡湖）糧食生產和漁業興旺，水運繁忙，余干、潯陽

24　江西省文物管理委員會：《江西南昌青雲譜漢墓》，《考古》一九六〇年第十期。

25　沈興敬：《江西內河航運史（古、近代部分）》，人民交通出版社一九九一年版。

是重要的港口和造船基地，「越人欲為變，必先由餘汗界中，積食糧乃入」。但是閩越、南越還沒有徹底歸順中央王朝，秦漢中央政府必須長期屯軍於此，將樓船貯在潯陽，一旦越人有變，秦漢軍隊便在余干「伐林治船」，積糧進軍閩、粵。而閩、粵越人為抗拒秦漢軍隊的進攻，常「陰計奇策，入燔尋陽樓船」[26]。從西漢初期至東漢末期，豫章郡一直是長江流域重要的造船業中心之一，所造船隻不僅滿足朝廷水師作戰之需，而且供應民間航運之用。漢代江西所造木船已有淺水船和深水船之別。淺水船適合於在信江等河道航行。漢武帝曾命人在長安昆明湖「治樓船，高十餘丈」、「可載萬人」的大船，並以「豫章」命名[27]，也許是採用了豫章造船技術或模仿了豫章所造舟船外觀形式的緣故。正是由於具備這一優越條件，東漢末年時東吳將帥周瑜才決定以江西九江作為操練水師和造船的基地。

據歷史文獻記載，當時的造船技術已比同期羅馬造船工業先進得多，不僅船舶的體量和載重量大，而且品類多，船舶的功能和設備也較為完善、齊備。以軍用船隻而言，就有戈船、樓船、冒突、先登、艨沖、赤馬、鬥艦、斥候等不同功用的類型；木構帆船的帆、艙、櫓、錨等主要設備齊備。[28]可見，船舶製造業最先源於江南水鄉生活交通的實際需要，但其造作技術的提高則是受到戰爭的推動。

26 《漢書》卷六四上《嚴助傳》。
27 《史記》卷三〇《平準書》、《三輔黃圖》卷四引《廟記》。
28 上海交通大學史話組：《秦漢的船舶》，《文物》一九七七年第四期

九 墓葬營建

秦漢時期，江西地區墓室修築技術有了較大的進步，先後出現豎穴土坑墓、崖葬、木槨墓、空心磚墓和磚室墓等五種墓葬形式。其中豎穴土坑墓、木槨墓、磚室墓是兩漢墓葬的主流形式，崖葬和空心磚墓只在部分地區出現，較為少見。

西漢時期，江西墓葬形式主要是豎穴土坑墓和木槨墓。墓葬地表已普遍堆築封土，以單室墓多，雙室墓少。墓室平面呈長方形或正方形，部分有墓道，而形成「凸」字形布局，墓道挖成階梯。坑內填土多為純淨的黃沙土，也有在木槨外四周填塞木炭或

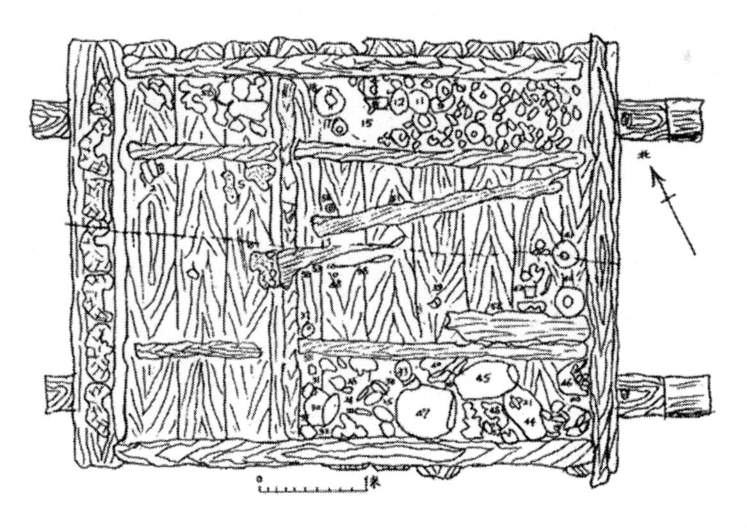

圖 4-30　南昌市老福山西漢木槨墓平面圖（1、棺；2、扁壺；3、22、夾 漆耳杯；4、14、19、耳杯；5、案；6、7、陶罐；8-10、16、17、陶壇；11、12、陶盒；13、陶鼎；15、18、陶壺；20、36、49、56、殘漆器；21、夾 漆器；23-29、夾 漆盤；30、銅瓿；31、木胎漆耳杯；32-35、漆盤；37、銅鏡；38、銅劍；39、銅熏爐；40、41、銅鍾；42、銅鈁、壺、鋗；43、玉琫；44-47 陶甕；50、玉琀、瑱；51、52、木板；53、銅勺；54、鐵臼形器；55、玉璧）

圖 4-31 東漢對角幾何紋、錢紋、鳥紋磚（2006 年新余市出土）
（圖片出處：大江網 http://www.jxnews.com.cn/）

白膏泥，以作防潮防腐之用。採用豎穴土坑墓和木槨墓構築方式不利於棺木的防腐和耐壓，所以西漢時江西部分地區已使用空心磚代替木板為槨，在墓坑內起擋土和隔斷作用。但這種方式僅是一種過渡，東漢初期便被磚室墓所取代。這裡以南昌老福山木槨墓[29]和南昌東郊墓群[30]為例予以說明。

南昌老福山西漢木槨墓於一九六四年秋天發掘清理。該墓平面呈長方形，墓頂因先期動土已被破壞，部分主室及前室也已挖去。墓向為北偏西六十五度。墓深埋於距地表三米以下。墓底平

29 江西省文物管理委員會郭遠謂：《江西南昌老福山西漢木槨墓》，《考古》一九六五年第六期。

30 江西省博物館：《南昌市東郊西漢墓》，《考古學報》一九七六年第二期。

整，並用厚約三十釐米的白膏泥填底。槨室用巨大木板構成。槨底有兩根直行枕木，在四方體枕木榫內，平鋪十一塊底板，板上有卯。底板大小厚薄一致。底板之下鋪墊十釐米厚的木炭。槨壁均用大圓木劈成兩半邊而製成。左、右、後三槨牆，將牆板下邊砍削平整後，置於底板上。墓門則用七筒大木製成齒形，並排豎立作封門。槨內壁糊五到七釐米厚的白膏泥，外壁則糊十二到十四釐米厚的炭屑。墓門前也用炭屑築成三級台階，每級高十釐米，寬十二釐米，最低一級比槨底略高。

墓室全長五點三米；寬三點九米，分前後二室。前室又用兩根直木分隔為三小室。中間小室長二點〇六米，寬二點二八米（左右兩小室的寬度分別為 0.72 米和 0.9 米）；後室比前室長，也用兩根直木分隔為三小室，同樣是中室比側室寬大。棺木置放在後室。棺木髹漆，並繪有圖案花紋。棺的兩側平置兩塊大木板，疑為承放棺木之用。人骨架已腐朽無存。後邊兩側室均置放殉葬品。左側室以置漆盤、羽觴等漆器為主，其次有銅器、鐵器，尚有四只大陶甕。右側室以置壇、鼎、壺、洗、罐等陶器為主，其次為四件漆羽觴。兩側室內的器物多疊壓放置。

該墓出土隨葬器物計有青銅器十八件，陶器二十九件，此外尚有建築模型、鐵器兩件、漆器七十餘件、玉器五件等。根據墓室規模和隨葬器物推斷，該墓主人極有可能是豫章郡郡守。

南昌東郊西漢墓群是一個家族墓地，發現於一九七三年一月，共發掘清理大小墓葬十二座。

墓葬形制有兩種。一為有墓道的土坑豎穴墓，其中有兩座的墓道長達八米以上，一為一般長方形豎穴墓。有的墓葬還用白膏泥夯實，有的在棺槨四周填塞木炭作為防腐材料。

該墓群出土隨葬器物計有二百餘件，有銅盉、銅鍾、銅豆、銅鈁、銅俑、銅鏡、銅劍、鐵刀、象牙手鐲、象牙劍飾、玉璧以及各種滑石器和陶器等。隨葬的陶器組合為鼎、盒（豆）、壺，保存了西漢早期的葬俗。

東漢時期，江西地區流行券拱磚室墓，其構築技術已經成熟，以條磚、平磚和楔形磚修築墓室（圖 4-31）。磚室墓形制較複雜，平面有呈長方形的，也有呈「十」字形、「凸」字形、梯形、刀形、「亞」字形和多耳室的，多為券拱。較完備的墓室布列有墓道、前後室、左右耳室，砌有壁龕，也有單室墓。早期的磚室墓砌成縱列券筒拱，券筒拱端部磚砌墓門、後壁；墓底一般鋪人字形錯縫排列地磚，鋪底磚下設置排水溝，有的排水溝從墓室內一直延續到墓外，長達幾千米。後來券筒拱逐漸演變成穹隆頂，先是墓的前室為穹隆頂，後室仍為券筒拱，東漢後期又演變成前後墓室都為穹隆頂，墓室的側壁開始逐漸增寬、增厚，墓門外加砌翼牆，後壁加砌磚柱，以加強磚室墓整個墓壁的堅固性。如宜春發掘的三十二座東漢墓均是券拱磚室墓，墓室兩壁、端牆和封門牆均用長方形花紋磚錯縫平砌；永新縣江畔鄉下周村東漢墓為長方形磚室墓，墓室四壁由雲紋及同心圓紋磚砌成，墓頂由楔形磚砌拱；九江馬回嶺東漢墓四壁全用帶花紋的「火磚」圍砌，砌法十分講究，墓群環山排成弧形。

二十世紀八十年代初，永新縣發現一座東漢磚室墓，長二米，寬一點五米，高二米。墓室用楔形磚砌成券頂，四壁用雲紋、同心圓紋以及車馬紋磚砌成。墓室中央置放一青銅槨，銅槨

圖 4-32　東漢畫像磚拓片（1980 年贛州市出土）

前橫置五塊有榫的車馬紋磚，磚中央置放一銅熏爐，爐的兩側各置一青銅小蓋盒作供奉器。銅槨長二十五釐米，寬十五點五釐米，通高二十二釐米，分底座、方槨和轎頂式方蓋三部分構成，蓋上有一寶珠形佛光頂。槨內置一銅棺，棺長十九釐米，寬七釐米，通高九釐米，由棺座、棺身和棺蓋組成，均有榫卯套接，槨棺外表刻繪有佛教圖案和花紋。內棺中央置放一蒜頭形玻璃瓶，內裝大半瓶黃色灰燼，經檢測主要成分是「骨灰的象徵物」。東漢時期的墓葬罕見有銅質葬具，且是有棺有槨，特別是隨葬的蒜頭瓶，經檢測為「鈉—鈣玻璃」瓶，這對研究佛教文化在我國南方的傳播，以及古代東西方文化交流，包括玻璃生產的歷史等都具有極高的價值。[31]

東漢晚期，江西還出現石板砌築的墓室。在贛州市郊蟠龍發現過一座東漢畫像磚墓。這座畫像磚墓於一九八〇年發掘清理。該墓為豎穴單室，平面呈長方形，長二點八二米，寬一點二三米，殘高一點五米；墓室全部用畫像磚橫平錯砌而成，墓底大多用畫像磚一橫一豎鋪設，間以少量同心圓紋小磚。畫像磚長三十點五釐米，寬二十二點五釐米，厚七釐米。畫像和紋飾均在磚的寬部側面。該墓早年曾被盜掘，墓頂現已坍塌，經清理尚出土有陶器、釉陶器、鐵器和銅鏡等十六件。畫像磚圖案以人物活動為主題，且內容完整，表現墓主人生前召見臣屬時旁有侍女執扇和左右侍衛的生活場面，以及出巡時騎吏導從的威風情景。它為研究漢朝在江西南部的政治設置和軍事佈防提供了形象的實物資料（圖 4-32）。[32]

自東漢迄至明清，磚室墓一直是江西墓葬的主要形制。早在春秋戰國時期江西古越族先民生活區已出現崖葬方式（如鷹潭龍虎山崖墓），即在懸崖峭壁上的岩洞中安置葬具和隨葬器物，至兩漢時期仍有此種習俗存在。

在社會生產力水平尚很低下的古代，先民們在「事死如事生」「事亡如事存」觀念的支配下，為了讓屍體能長久地保存，

31　李志榮：《永新古墓出土青銅棺及玻璃器》，《江西文物》一九九一年第三期。

32　薛翹、張嗣介：《江西贛州漢代畫像磚墓》，《文物》一九八二年第六期。

祈望死者在陰間也能像生前一樣生產和生活，於是不惜耗費巨大的人力和物力，在墓室的構建和隨葬品的設置上煞費苦心。考古發掘讓古墓葬重見天日，人們從頗為講究的墓室結構、隨葬的豐富多樣的生產工具和生活用器，形象地看到了古代的喪葬習俗和社會經濟狀況。因此，從某種意義上可以說，墓葬營建正是當時手工業經濟發展水平的綜合反映。

第二節 ▶ 水陸交通與商品經濟

一　水陸交通

秦漢江西交通道路的開拓是由秦征「百越」帶動的。西元前二百一十九年，秦發兵五十萬分五路大舉進攻百越，其中兩路取道贛境。這兩條進軍路線便成為後來江西境內的兩條水陸主幹線：一是由贛江水路上溯至大庾嶺，通過大庾嶺山路入廣東南雄。二是循信江水東行至廣豐轉陸路至浙江江山，翻越仙霞嶺，東下甌江可至溫州，南入閩江可達福州。在統一嶺南，設郡建縣的第二年（始皇三十四年，前 213 年），為加強對新開發地區的統治，秦又立即著手「築南越地」[33]。所謂「南越地」，即《史記・南越尉佗列傳》中所說的「新道」。開闢「新道」的目的，是要打通南嶺山脈的阻隔，將嶺南的道路同始皇所修的「馳道」

33　《讀史方輿紀要》卷一〇〇《廣東》。

連接起來，溝通五嶺南北的交通。據考證，秦修「新道」主要有四條，其中三條均起自湖南境內（一條自今湖南郴州逾嶺入廣東連州，一條自湖南道州入廣西賀縣，一條自湖南全州入廣西靜江），唯有一條是自江西南部逾大庾嶺，進入廣東南雄。[34]

自秦開「新道」後，「自北徂南，入越之道，必由嶺嶠」[35]。若以京師咸陽為起點，則自北而南入越之線路大致為：從咸陽出發，過潼關，由洛陽、汝陽折向東南，經南陽沿白河、漢水入長江，爾後進入鄱陽湖，順贛江流域谷地，翻越大庾嶺，出橫浦關（即梅嶺關）進入廣東。從此江西成為南北交通的中樞之一。所以江西交通道路的開拓，是秦始皇對百越用兵的結果。

兩漢時期，江西交通道路的發展主要由兩方面促成：

一是漢朝與南越國的官方往來和商旅販運。當時，中原至東南沿海地區的交通，雖已開通東南海道，但因海路易遭風暴襲擊，風險太大，一般不取海路，而多取道豫章境內的水路和陸路南下。漢初，中原與南越互通關市，交往頗勤。漢之「金鐵田器，馬牛羊」[36]，鐵農具和牲畜輸往南越，南越和海外的象牙、犀角、珠璣、玳瑁、翡翠等奢侈品運往中原；南越給漢王朝的貢品以及朝廷給南越的賞賜物，也是取道贛江和湘江。如南越王「時內貢職」，向朝廷貢獻石蜜、鮫魚、荔枝、犀角、紫貝、孔

34　參見林劍鳴《秦漢史》（上冊），上海人民出版社一九八九年版。
35　《通典》卷一八四《刑郡》一四。
36　《漢書》卷九五《西南夷南粵朝鮮傳》。

雀、馴象、珊瑚樹等，朝廷也「厚報遣其使」。皆從江西過境。這種民間和官方的交往，大大促進了豫章郡內的交通運輸。

二是軍事活動。漢武帝時，對南越、閩越發動過大規模的戰爭，豫章郡處於非常重要的地位，既是後方補給特別是戰船的供應地，又是前方戰場，所以軍隊的集結和運動往往都在豫章郡內進行，這對江西水陸交通運輸的發展無疑起了刺激和推動的作用。

因而，至東漢末期，江西境內基本形成了以豫章郡城為中心而向周鄰州郡輻射的道路網骨架。主要路線有：

1. 九江至豫章郡：自今南昌市經海昏（治今永修）、歷陵（治今德安）至柴桑（治今九江市），北越長江可達九江郡治所壽春（治今安徽壽縣）。

2. 豫章郡至南海郡：自今南昌市經新淦（治今樟樹市）、石陽（治今吉水）、廬陵（治今吉安市）、贛縣、南野（治今南康縣），南越大庾嶺橫浦關可達南海郡番禺（治今廣州市）。

3. 豫章郡至閩中郡：由贛江轉信江往東，翻越仙霞嶺，可達閩中郡的東冶（治今福州市）。

4. 豫章郡至長沙國：自新淦經宜春至湖南醴陵。

5. 豫章郡至會稽郡：自餘汗（治今余干縣）沿信江經今玉山可往會稽郡等。

秦漢時期，車、船是水陸交通的重要工具。關於車的起源，有三說：一是奚仲作車，二是奚仲之子吉光作車，三是黃帝造車。[37]從文獻記載來看，自夏代始，車馬便在社會結構中扮演著獨特的角色，是財富、地位的象徵。當時的社會禮儀、制度明確規定使用不同車馬象徵著不同的社會含義，即身分與地位。如史載「至奚仲為夏車正，建其斿旐，尊卑上下，各有等級」[38]。自春秋始，「禮制大亂，……上下無法」；降及戰國，「奢僭益熾，……競修奇麗之服，飾其輿馬，文罽玉纓，象鑣金鞍，以相誇上。……榮利在己，雖死不悔」；及秦並天下，「攬其輿服，上選以供御，其次以錫百官」；漢興，諸事草創，「承秦之制，後稍改定」，然而漢代「車輅各庸，旌旗異局。……匪豪麗縟」。[39]正如《鹽鐵論・散不足篇》引文學之言，「今富者連車列騎，驂貳輜軿。中者微輿短轂，煩尾掌蹄」；「今庶人富者銀黃華左搔，結綏韜槓。中者錯鑣涂采，珥靳飛軨」。漢代車馬出行

37 一是奚仲作車說，古人多以奚仲為車的發明者，《墨子・非儒》：「奚仲作車。」《荀子・解蔽》：「奚仲作車乘。」《呂氏春秋・君守》：「奚仲作車。」《世本》：「奚仲始作車。」對於奚仲所處的時代，說法不一。如《淮南子・齊俗訓》說：「故堯之治天下也……奚仲為工。」而《左傳・定公元年》說：「薛之皇祖奚仲，居薛，以為夏車正。」二是奚仲之子吉光為車說，據《山海經・海內經》認為奚仲之子吉光發明了車：「番禺生奚仲，奚仲生吉光，吉光始以木為車。」三是黃帝始造車說，如《周易・繫辭》說：「黃帝、堯、舜……服牛乘馬，以利天下，引重致遠，蓋取諸隨。」劉熙《釋名・釋車》：「黃帝造車，故號軒轅氏。」譙周《古史考》中指出：「黃帝作車，引重致遠，少昊時略加牛，禹時奚仲加馬。」《古今注・輿服》云：「黃帝與蚩尤戰於涿鹿之野，蚩尤作大霧，兵士皆迷，於是作指南車，以示四方。」

38 《後漢書志》第二十九《輿服志上》。

39 《續漢書・輿服志》。

之奢華與炫耀由此可見一斑。

秦漢時期的造車技術已經達到了有史以來的最高水平，能夠生產出各種各樣的車，類型繁多，製作精緻，用途廣泛，在日常生活中充當著越來越重要的角色。如《釋名・釋車》云：

路（輅），天子所乘車稱「路」，所謂「天子所乘曰路（即輅），路亦車也。謂之路者，言行於道路也。金路玉路以金玉飾車也，象路革路木路各隨所以為飾名之也。」

墨車，「漆之正黑無文飾，大夫所乘也。重較其較重，卿所乘也。」

安車，「蓋卑坐乘，今吏所乘小車也」。

軘車，「戎者所乘也」。

軺車，「軺遙也。遙，遠也。四向遠望之車也」。

輦車，「人所輦也」，鄭注《周禮・鄉師》云「輦人輓行」。

胡奴車，「東胡以罪沒入官為奴者引之殷所制也」。

羊車，「羊祥也，祥善也，善飾之車，今犢車是也」。

羸車羊車，「各以所駕名之也」。

役車，「給役之車也」。

棧車，「棧靖也，麻靖物之車也」；與役車一樣，「皆庶人所乘也」。

柏車，「柏，伯也，大也。丁夫服任之大車也。」

獵車，「所乘以畋獵也」。

檻車，「上施闌檻以格猛獸亦囚禁罪人之車也」。

小車，「駕馬輕小之車也。駕馬宜輕使之局小也」。

高車，「其蓋高立乘載之車也」。

衣車，「前戶所以載衣服之車也」。

容車，「婦人所載小車也，其蓋施帷所以隱蔽其形容也」。

輜車，「載輜重臥息其中之車也。輜，廁也。所載衣物雜廁其中也」。

軿車，「軿屏也。四面屏蔽婦人所乘牛車也」。「輜軿之形同，有邸曰輜，無邸曰軿。」

從上述史料分析，乘車大致可以分為幾類：第一類是有身分地位人所乘之車，如天子所乘的車為路（輅），大夫所乘的車為墨車，若更重的是為墨車卿所乘的，吏所乘的小車為安車，士卒

圖 4-33　秦漢車馬圖
（圖片來源：中國國學網）

所乘的車為囤車，富人所乘的軺車。《續漢書・輿服志》中還記有大使車、小使車、導從車、載車等。第二類是以人、畜作動力的車，如輦車以人力輓行，胡奴車以東胡罪人拉車，羸車、羊車以馬、牛或牛犢拉車，但羊車的裝飾比較好，牛車比較簡陋。第三類是服役的車，如役車、棧車、柏車等。第四類是狩獵之車，如獵車、檻車，但檻車還有囚罪犯之功能。第五類是以大小來命名的車，如小車、高車。第六類是婦女可以乘載的車，如容車、軿車。第七類是可載重物之車，如輜車、衣車，輜車還可以臥息其中。

在漢代社會，軺車、牛車可能是最為普遍使用的車，史書記載比較多，有些家貲豐厚的富商大賈，「其軺車百乘，牛車千兩」[40]。漢武帝時期，為了增加國家財政收入，對車馬還課以稅收。如《史記・平準書》記載：「軺車以一算。商賈人軺車二算。」普通人的軺車課一算，即一百二十錢；商賈的軺車課以二稅，即二百四十錢。

船，《釋名・釋船》曰：「船，循也，循水而行也。」又曰：「舟，言周流也。」舟船也是比較重要的交通工具，車只能在陸路上行走，水路則完全依靠舟船運輸。漢代之所以稱「富商大賈周流天下，交易之物莫不通」，是因為漢代已經有了比較先進的舟船。

如前所述，秦漢時期豫章郡曾有造船廠，彭蠡澤、贛江流域

40 《史記》卷一二九《貨殖列傳》。

是船舶製造基地，尋陽、余汗、鄱陽是重要的造船點[41]。《水經注・贛水》：「贛水又徑谷鹿洲，即蓼子洲也，舊作大艑處。」唐代虞世南《北堂書鈔》：「豫章城西南有艇䑴洲，去度支步可二里，是吳呂蒙襲關羽造艇䑴艦於此。」艇䑴洲，就是蓼子洲。可見南昌的蓼子洲就是漢代造船廠遺址，曾經製造艑、艇䑴等船。

漢代已經能夠製造多種類型的船，如民用舟船、運輸貨船、軍用戰船，乃至高達十餘丈、建有三層樓的「樓船」。其中，民用舟船主要有扁舟、輕舟、舸、舫、艑、艇、舲、舡等。如《淮南子・俶真訓》說「越舲蜀艇，不能無水而浮」，高誘注曰：「舲，小船也。」戰船主要有先登、艨艟、赤馬舟、戈船、鬥艦、樓船等。如《釋名・釋船》曰：「軍行在前曰先登，登之向敵陣也。外狹而長曰艨衝，以衝突敵船也。輕疾者曰赤馬舟，其體正赤疾如馬也。上下重版曰檻，四方施版以御矢石，其內如牢檻也。」

由於造船技術的不斷提高，漢代交通中舟船的使用比較普遍，江南水網地區尤甚。當時的船隻通常以長度「丈」來計算，所謂「船長千丈」，是指商賈的所有船隻累積長度達一千丈，說明船隻數量之多。國家也以丈來徵收船稅，一般是「船五丈以上一算」[42]。漢代豫章郡水資源比較豐富，郡內有十條河水匯入一

41　參見許懷林《江西史稿》，江西高校出版社一九九三年版，第59頁。
42　《史記》卷三〇《平準書》。

圖 4-34　漢代廣州木板船模型
（圖片來源：中國國學網）

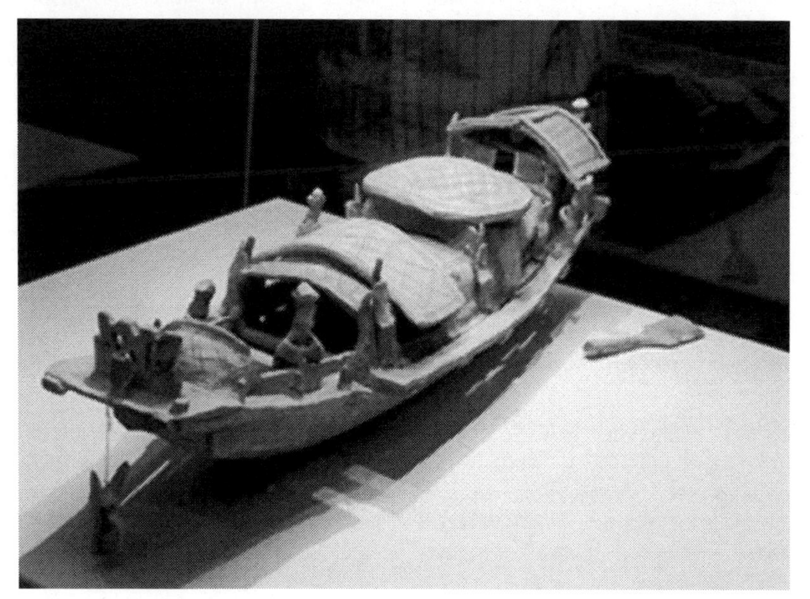

圖 4-35　廣州出土漢代船模
（圖片來源：中國國學網）

大湖，郡外有一條長江經過，因而舟船的使用相當普遍。《太平御覽》卷四八引《九江記》曰，古彭澤縣馬當山立馬當山廟之緣由是護船航行，立廟之前此江水面「迴風急擊，波浪湧沸，舟船上下，多懷憂恐」。又《水經注・廬江水》記載的一個神話故事也提到吳郡太守張公直妻「夜夢致聘，怖而遽發，明引中流，而船不行。合船驚懼……」說明當時贛北地區使用舟船作為交通工具是比較常見的。

綜上所述，交通道路的開拓與交通工具的廣泛使用，為江西與全國各地經濟文化的交流，尤其是商品經濟的發展創造了條件。正如左思《吳都賦》所說：「水浮陸行，方舟結駟，唱櫂轉轂，昧旦永日。開市朝而並納，橫闤闠而流溢，混品物而同廛，並都鄙而為一，……輕輿按轡以經隧，樓船舉颿而過肆，果布輻湊而常然，致遠流離與珂 。」

二　商品交換與貨幣經濟

商品交換是以農業、手工業的發展為基礎，以交通道路的暢通為依託的。從前述內容來看，秦漢時期，江西地區農業、手工業的總體趨勢是進步發展的，交通條件也得到改善。與之相應，商品交換也逐漸起步並日益趨向於活躍。

西漢初年，開放關塞，免徵關稅，允許自由貿易，給南來北往的商人提供了一個相對自由的廣闊空間。所謂「漢興，海內為一，開關梁，弛山澤之禁，是以富商大賈周流天下，交易之物莫不通，得其所欲」[43]。至惠帝、高後時，「復弛商賈之律」。寬

43　《史記》卷一二九《貨殖列傳》。

鬆、優惠的工商政策，有利於各地物產的流動，促進了商品經濟的快速發展，因此，「重裝富賈，周流天下，道無不通，故交易之道行」[44]。

江西地處南北交通要沖，水陸運輸便利，在「富商大賈周流天下，交易之物莫不通」的刺激下，販運商業迅速發展起來。如前所述，江西境內已經形成以豫章郡為中心向周邊郡縣輻射的交通網絡，極大地拓展了商品交換的空間。

商品交換空間的擴大，帶動了商品交換種類的增多。當時豫章郡的竹、木材、糧食、魚、陶瓷、銅礦等貨物都是商品交易的主要對象，金、銀、銅、鐵器具則是輸入或輾轉輸往嶺南的重要物資，即《豫章記》中所說的「金鐵篠簜，資給於四境」。司馬遷說，楚越之地，「通魚鹽之貨」[45]，江西是水資源、魚資源豐富的區域，除了贛水水系與鄱陽湖的自然魚資源以外，還有人工養魚，如《水經注》所載東漢和帝永元中豫章太守張躬築塘以通南路，遏贛江洪水，兼併養魚，「魚甚肥美」[46]。除魚資源以外，還有豫章的木材，出自深山窮谷，運向洛陽精細加工，遠銷萬里之外的樂浪、敦煌。如王符《潛夫論・浮侈篇》云：「夫檽梓豫章，所出殊遠，又乃生於深山窮谷，經歷山嶺，立千丈之高，百丈之谿，傾倚險阻，崎嶇不便，求之連日，然後見之，伐斫連日

44 《史記》卷一一八《淮南衡山王列傳》。
45 《史記》卷一二九《貨殖列傳》。
46 《水經注》卷三九《贛水注》。

然後訖。會眾然後能動擔，牛列然後能致水，油潰入海，連淮逆河，行數千里，然後到洛……東至樂浪，西至敦煌，萬里之中，相競用之。」[47]

商品交換的發展，又促使商人隊伍不斷擴大。江西豐富的物產，需要商人來販運與銷售，所謂「江南之楠梓、竹箭……待商而通」[48]。司馬遷稱楚越之地，「其民多賈」[49]，即指當地利用資源優勢從事魚鹽販賣的人比較多。除職業商人外，尚有不少「編戶齊民」，捨本農而事末利。大量方物特產的交易與農民棄農從商的趨勢，加強了農民與市場的聯繫，帶動了鄉里聚落市場的出現。

鄉里聚落市場的產生，似可追溯到春秋時代。《易・繫辭下》云：「日中為市，致天下之民，聚天下之貨，交易而退，各得其所。」《公羊傳・宣公十五年》何休《解詁》曰：「井田之義，一曰無洩地氣，二曰無費一家，三曰同風俗，四曰合巧拙，五曰通財貨，因井田以為市，古俗語曰市井。」[50]《管子・乘馬篇》云：「方六里命之曰暴，五暴命之曰部，五部命之曰聚，聚者有市，無市則民乏。」又《戰國策・齊策五》稱：「通都小縣，置社有市之邑，莫不止事而奉王。」《戰國縱橫家書》云：「梁之

47 王符：《潛伏論・浮侈篇》。
48 《鹽鐵論・本議篇》。
49 《史記》卷一二九《貨殖列傳》。
50 「市井」一詞，自漢代以後史文多見。如《白虎通義》：原始之市，「因井為市，故曰市井」唐人張守節《正義》在對《史記・刺客列傳》作注時說：「古人朝聚汲水，有物便賣，因成市，故曰市井」。

東地，尚方五百餘里，而與梁，千丈之城，萬家之邑。大縣十七，小縣有市者卅有餘。」對於鄉里聚落市場的功能，《管子・侈靡篇》認為，「市也者，勸也，勸者所以起本」，其目的是為了推動農業生產的發展。

黃今言認為，漢代農村市場是隨著人口增加和經濟發展而自發湧現和興起的，主要有鄉市、里市（聚市）和亭市等多種類型。《漢書・百官公卿表》記載西漢有「鄉六千六百二十二」，《後漢書・郡國五》注引《東觀書》記載東漢有「鄉三千六百八十二」。為便於交易，每鄉一個市，則西漢末有六千六百二十二個鄉市；東漢桓帝永興時期，有三千六百八十二個鄉市。至於「里市」的數量與規模，若按「十里一鄉」之制，以一里一市來計算，則西漢的里市有六萬六千二百二十個；東漢的里市有三萬六千八百二十個。里市分別超過了鄉市的十倍。[51]

51 參閱黃今言《秦漢商品經濟研究》，人民出版社二〇〇五年版，第147-154頁。作者根據鄉里數量考證鄉市、里市的數量，認為，《漢書・百官公卿表》曰：「縣大率方百里，其民稠則減，稀則曠。鄉、亭也如之。凡縣、道、國、邑千五百八十七，鄉六千六百二十二。」又《後漢書・郡國五》：」至於孝順，凡郡國百五，縣、道、邑、侯國千一百八十。「注引《東觀書》曰：」（桓帝）永興元年，鄉三千六百八十二。」為便於交易，每鄉一個市，則西漢末有六千六百二十二個鄉市；東漢桓帝永興時期，有三千六百八十二個鄉市。至於「里市」的數量與規模，《後漢書・百官五》注引《風俗通》曰：「國家制度，大率十里一鄉」。這個「里」，是鄉居之里，是指散居鄉村地域或據居住在鄉村地域而定的行政單位。若按「十里一鄉」之制，西漢有六千六百二十二個鄉，便有六萬六千二百二十個里；東漢三千六百八十二個鄉，則有三萬六千八百二十個里。假設一豫章郡治南昌是漢代江西的商業重鎮，以此為中心向其他縣城輻射。從北方都市來看，城市內肆店林立，有酒肆[52]、屠肆、肉肆[53]、牛肆、馬肆[54]、魚肆、革肆、幘肆、宿肆[55]、藥肆[56]、書肆[57]等等，各肆都有一定規劃。南方的吳地市場，「水浮陸行，方舟結駟，唱櫂轉轂，昧旦永日。開市朝而並納，橫闤闠而流溢，混品物而同廛，……輕輿按轡以經隧，樓船舉颿而過肆，果布輻湊而常然，致遠流離與珂 。」[58]估計豫章郡內的商業市肆亦如此。假如事實真如司馬遷所說，「富無經業，則貨無常主，能者輻湊，不肖者瓦解」，「庶民農工商賈，率亦歲萬息二千」[59]，那麼，當時全國各地商業可能存在某種程度的競爭，而且各行各業具有一個相對平均的利潤率，即百分之二十。[60]

里一市，則西漢的里市有六萬六千二百二十個；東漢的里市有三萬六千八百二十個。里市分別超過了鄉市的十倍。

52 《後漢書》卷五十二《崔寔傳》。

53 《太平御覽》卷八百二十八《資產部》「肆」條。

54 揚雄：《法言・吾子篇》。

55 《太平御覽》卷八二八《資產部》「肆」條。

56 《後漢書》卷八三《逸民傳》。

57 《後漢書》卷八二《薊子訓傳》。

58 左思：《吳都賦》。

59 《史記》卷一二九《貨殖列傳》。

60 戰國時期的商業利潤，據《史記・蘇秦列傳》說：「周人之俗，治產業，力工商，逐什二以為務。」當時的利潤一般是十分之二，即百分之二十。在《史記・貨殖列傳》、《漢書・貢禹傳》中也有明確記載：「庶民農工商賈，率亦歲萬息二千，百萬之家即二十萬，而更徭租賦出其中，衣食好美矣。」「商賈求利，東西南北，各用智巧，好衣美食，歲有十二之利，而不出租稅。」

對於豫章郡內商業市場的管理，由於缺乏史書記載，難以考稽，但是從秦漢時期國家有關市場法令來看，亦可以管窺一斑。從雲夢竹簡和張家山漢簡來看，秦漢時期國家對市場上的商品質量有明確規定。據載：

布袤八尺，福（幅）二尺。布惡，其廣袤不如式者，不行。[61]（《金布律》）

販賣繒、布，幅不盈二尺二寸者，沒入之。能捕告者，以畀之。[62]（《市律》）

諸食脯肉，脯肉毒殺、傷、病人者，亟盡孰（熟）燔其餘。其縣官脯肉也，亦燔之。當燔弗燔，及主吏者，皆坐脯肉臧（贓），與盜同法。[63]（《賦律》）

第一條引文秦簡《金布律》中規定市場上出售布匹，其長度、寬度必須符合規格，不符合標準者，不得入市。第二條引文漢簡《市律》規定了「販賣」的繒、布，必須符合尺寸要求，假如「幅不盈二尺二寸者」，官府將其沒收。同時官府鼓勵告發，並給予獎勵。第三條引文《賦律》明確規定：為了防止劣質肉類產品進入市場，凡有毒或變質的肉類產品要及時焚燒，若隱匿不

61 《睡虎地秦墓竹簡》，文物出版社一九七八年版。
62 《張家山漢墓竹簡》，文物出版社二〇〇一年版。
63 《張家山漢墓竹簡》，文物出版社二〇〇一年版。

處理「與盜同法」，相關人員要受到懲處。

除了商品質量管理以外，還加強了商品度量衡的管理，防止缺斤少兩，以確保公平公正的市場交易活動。早在商鞅變法時，秦國就有「平權衡、正度量、調輕重」之制度。秦統一全國後，在「商鞅方升」的基礎上，統一度量衡，向全國推行標準度量衡。據秦簡《內史律》規定：「有實官縣料者，各有衡石羸（纍）、斗甬（桶）。」[64]說明秦官府有精確的標準度量衡。還規定官府必須對通行的度量衡進行定期檢核，如秦簡《工律》說：「縣及工室聽官為止，衡、石、纍、斗、桶、升，毋過歲壹。有工者勿為正。叚（假）試即正。」[65]意思是說，縣和工室的衡、石、纍、斗、桶、升，每年應該檢核一次。若縣府與工室有校正工匠，就不必代為核正，而是僅在借用時加以校正。然而，度量衡在實際操作過程中難免存在一些誤差。對於這個問題，秦代官府特頒法令，明確規定度量衡的誤差係數以及對相關責任人員的懲處措施。如秦簡載曰：

衡石不正，十六兩以上，貲官嗇夫一甲；不盈十六兩到八兩，貲一盾。甬（桶）不正，二升以上，貲一甲；不盈二升到一升，貲一盾。

斗不正，半升以上，貲一甲；不盈半升到少半升，貲一盾。

64 《睡虎地秦墓竹簡》，文物出版社一九七八年版。
65 《睡虎地秦墓竹簡》，文物出版社一九七八年版。

半石不正，八兩以上；鈞不正，四兩以上；斤不正，三朱（銖）以上；半鬥不正，少半升以上；參不正，六分升一以上；升不正，廿分升一以上；黃金衡羸（累）不正，半朱（銖）以上，貲各一盾。[66]（《效律》）

上述法令表明，衡制——兩、斤、石，以十六兩為一斤，以一百二十斤為石；量制——升、斗、桶，是十進制；度制——寸、尺、丈，也為十進制。根據律文規定，度量衡必須定期校核，假如衡量器存在誤差，官府將根據其誤差的大、小給予罰盾、甲的懲處。由此可見國家對度量衡管理之嚴格，是為了確保其制度的標準性與權威性。

漢承秦制，亦對度量衡有嚴格的管理。如《漢書・高帝紀》:「天下既定，……命張蒼定章程。」注引淳曰：「章，曆數之章術也。程者，權衡丈尺斗斛之平法也。」設置了掌管度量衡的吏員，「夫度者，……職在內官，廷尉掌之；夫量者，……職在太倉，大司農掌之；衡權者，……職在大行，鴻臚掌之」[67]。一九七五年，江陵鳳凰山漢墓出土了一件衡桿，刻有「稱錢衡」字樣[68]，系檢測市場流通錢幣是否符合標準重量的專用衡器。西漢前期，國家放寬工商政策，允許私人鑄造貨幣，致使大量偽劣貨

66 《睡虎地秦墓竹簡》，文物出版社一九七八年版。

67 《漢書》卷二一上《律歷志》。

68 晁華山：《西漢稱錢天平與砝碼》，《文物》一九七七年第十一期。杜金娥：《談西漢稱錢衡的砝碼》，《文物》一九八二年第八期。

幣肆意流行，同時作為稱量貨幣的黃金仍在流通領域使用，所以，「稱錢衡」便應運而生。它對規範貨幣流通、保證交易公平起了重要作用。正如桑弘羊所言，縣官設衡立准，人從所欲，「雖使五尺童子適市，莫之能欺」[69]。

秦漢政府對市稅的徵收管理也很重視，頒行市律，嚴禁商人偷稅漏稅。如張家山漢簡《二年律令》規定：

市販若不自占租，坐所匿臧（贓）為盜，沒入其所販賣及賈錢縣官，奪之列。列長、伍長弗告，罰金各一斤。嗇夫、吏主者弗得，罰金各二兩。（《市律》）[70]

此律文責令市販經商者務必向官府自行申報市稅，若隱瞞不報，以匿贓罪論處，官府沒收其貨物及貨幣，關閉其列肆、店鋪。如果列長、伍長知情不告，以罰金一斤論處；倘若嗇夫、吏主瀆職，各罰金二兩。說明當時官府對市稅管理之嚴格。

豫章郡地處江南，與南越接壤，亦是通向南越的一條交通要道。《史記・南越列傳》：

高後時，有司請禁南越關市鐵器，（趙）佗曰：「高帝立我，通使物。今高後聽讒臣，別異蠻夷，隔絕器物，此必長沙王計也。」

69 《鹽鐵論・禁耕篇》。
70 《張家山漢墓竹簡》，文物出版社二〇〇一年版。

可見，漢、越之間早已互通使節，交流「器物」。高後時，漢與南越關係趨緊，先是有司建議禁止中原鐵器通過關市流入南越，嗣後乾脆頒布詔令，「毋予蠻夷外粵金鐵田器。馬牛羊即予，予牡，毋與牝」[71]。文帝后關係緩和，《史記·南越列傳》：（武帝）元鼎四年（西元前 113 年），南越太后上書，「請比內諸侯，三歲一朝，除邊關」，武帝許之。《文獻通考·市糴考一》：「互市者，自漢初與南粵通關市，其後匈奴和親，亦與通市。」說明漢朝與南越之間設置了關市，估計關市過道就是大庾嶺道，至於關市的具體地點難以查考。

商業貿易日漸發達，促使貨幣大量進入流通領域，而貨幣需求量的增加，又大大刺激了貨幣鑄造業乃至貨幣經濟的發展。[72]

秦統一六國後，廢除了戰國時期山東六國形制不同、輕重不一的貨幣，統一幣制。《史記·平準書》云：

> 及至秦，中一國之幣為二等，黃金以溢名，為上幣銅錢識曰半兩，重如其文，為下幣。而珠玉、龜幣、銀、錫之屬為器飾寶藏，不為幣。然各隨時而輕重無常。

統一後的貨幣分為二等：以黃金為上幣，以溢為單位，重一

71 《漢書》卷九五《兩粵傳》。
72 貨幣經濟的相關內容參見黃今言：《秦漢商品經濟研究》，人民出版社二〇〇五年版，第 282-321 頁。

錠（即 20 兩）；以銅錢為下幣，以兩為單位，重半兩（即 12 銖）；珠玉、龜貝、銀、錫等皆為器飾寶藏之物，不再作為貨幣。此後，各種貨幣的形制、輕重雖時有變化，且一度出現新莽幣制繁雜混亂的狀況，但黃金、銅錢（以五銖錢為主）作為主流貨幣的地位始終未變。

漢代黃金計算單位改「溢」為「斤」，一斤值萬錢。每塊的大小、重量、厚薄不等，其形制一般是圓餅形，厚緣，中心內凹，背面粗糙。到漢武帝太始二年（前 95 年），黃金貨幣改鑄「馬蹄金」、「麟趾金」，形狀呈圓形或橢圓的餅形狀，但其主要作為一種紀念品或賞賜物，並未廣泛流通[73]。黃金貨幣以餅塊為主，重量不一，大致在二百〇七點五七到四百六十二點二克之間；有的黃金餅塊底部刻有各種文字或記號，可根據實際需要，任意切割、分散使用。種種跡象表明，當時的黃金貨幣仍處在比較原始的稱量貨幣階段。[74]據考古資料初步統計，有關漢代黃金貨幣出土的報導共有二十六處，遍及十四個省市，具體地點是：陝西省：西安、咸陽、興平、臨潼；河南省：洛陽、滎陽、鄭州、扶溝；河北省：滿城、定縣、邯鄲；湖南省：長沙、湘鄉；湖北省：宜昌；北京市：懷柔；廣西省：合浦、貴縣；廣東省：德慶；山西省：太原；遼寧省：大連、新金；安徽省：壽縣；江

73 田昌五、漆俠主編：《中國封建社會經濟史》（第一卷），齊魯書社、文津書社一九九六年版，第 471 頁。

74 參閱李祖德：《試論秦漢的黃金貨幣》，《中國史研究》一九九七年第一期。

蘇省：贛榆、銅山；浙江省：杭州；山東省：即墨。[75]但迄今為止，江西境內尚未見有黃金貨幣出土，黃金器物也極少見。由此推測，漢代黃金貨幣流通的範圍是有限的，可能並未在全國地方市場上廣泛流通，真正在市場上廣泛流通並為人們普遍接受的貨幣是銅錢。

兩漢四百餘年間，經歷過多次貨幣改革。漢初，曾「以為秦錢重難用，更令民鑄莢錢」。注引如淳曰：「如榆莢也。」[76]榆莢錢系由秦半兩錢改鑄而來。

呂后年間，先後更鑄「八銖錢」和「五分錢」[77]。

文帝五年，「為錢益多而輕，乃更鑄四銖錢，其文為『半兩』」。因鑄造費用昂貴，朝廷放寬政策，重新允許民間私鑄銅錢，「除盜鑄錢令，使民放鑄」[78]。

至武帝時，又多次變更幣制。建元元年更鑄「三銖錢」，建元五年鑄「三分錢」，元狩五年行「五銖錢」，元狩六年鑄「赤仄錢」等。由於幣制變換頻繁，加上民間盜鑄成風，引起通貨膨脹。史載：「從建元以來，用少，縣官往往即多銅山而鑄錢，民亦盜鑄，不可勝數。錢益多而輕，物益少而貴。」[79]於是武帝下令「悉禁郡國毋鑄錢，專令上林三官鑄。錢既多，而令天下非三

75　李祖德：《試論秦漢的黃金貨幣》，《中國史研究》一九九七年第一期。
76　《漢書》卷二四下《食貨志》及注。
77　《漢書》卷二四下《食貨志》。
78　《漢書》卷二四下《食貨志》。
79　《漢書》卷二四下《食貨志》。

官錢不得行」；「自孝武元狩五年三官初鑄五銖錢，至平帝元始中，成錢二百八十億萬餘云」[80]。

至王莽時，貨幣改革頻繁，且五花八門，先後鑄造過「大錢」、「契刀」、「錯刀」、「五銖錢」、「大泉」、「小泉」，另有「寶貨五物，六名，二十八品」，其中「五物」為金、銀、銅、龜、貝；「六名」為金貨、銀貨、龜貨、貝貨、泉貨、布貨；「二十八品」為金貨一品、銀貨二品、龜貨四品、貝貨五品、泉貨六品、布貨十品。幣種複雜，且將秦代以來早已廢除的幣材尤其如龜、貝之類原始貨幣重新投放流通領域，雜糅於黃金銅錢中並用，結果造成幣制混亂，通貨膨脹。

因王莽濫改幣制，劣幣甚多，缺乏信用，「民私以五銖錢市買」，東漢初，光武帝乃「復五銖錢，與天下更始」[81]。從此開始，先後鑄過「五銖錢」、「四出文錢」、「小錢」等。至東漢末年，獻帝初平元年（190 年），董卓壞「五銖錢」，更鑄「小錢」。[82]曹操任丞相後，罷「小錢」，恢復使用「五銖錢」。

如前所述，西漢時期江西境內鑄幣現象就很盛行，吳王劉濞曾據豫章銅山鑄錢。《史記・吳王濞列傳》：「吳有豫章郡銅山，濞則招致天下亡命者盜鑄錢，煮海水為鹽，以故無賦，國用富饒。」又《史記・平準書》載：至孝文時，因莢錢多且輕，「乃

80 《漢書》卷二四下《食貨志》。
81 《漢書》卷二四下《食貨志》。
82 《後漢書》卷九《獻帝紀》。

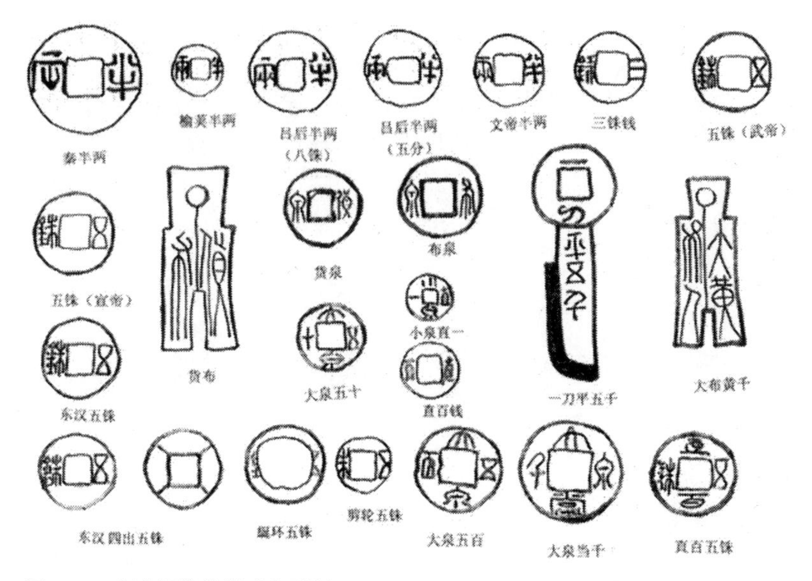

圖 4-36　秦漢銅幣的樣式和形制

更鑄四銖錢，其文為『半兩』，令民縱得自鑄錢。故吳，諸侯也，以即山鑄錢，富 天子，其後卒以叛逆。鄧通，大夫也，以鑄錢財過王者。故吳、鄧氏錢布天下，而鑄錢之禁生焉」。因私鑄之風嚴重影響乃至威脅到國家財政收入和中央集權統治，國家才會制定禁止私鑄銅錢的法令。

從考古材料來看，江西鑄錢、盜鑄錢並非豫章一處。例如：一九九一年九月，高安縣大城鄉金田村出土的一批漢代銅錢，總重量為十點五公斤，共計四千餘枚。銅錢品種多，數量大，其中西漢四銖「半兩」錢共二十枚，西漢上林三官五銖錢共十枚，西漢五銖錢共一百九十枚，東漢早期五銖錢共三百三十九枚，東漢晚期五銖錢共一千二百二十二枚，東漢「四出」五銖錢共五枚，另有新莽貨泉七十四枚，分三種：「大泉五十」，僅見三枚；「貨

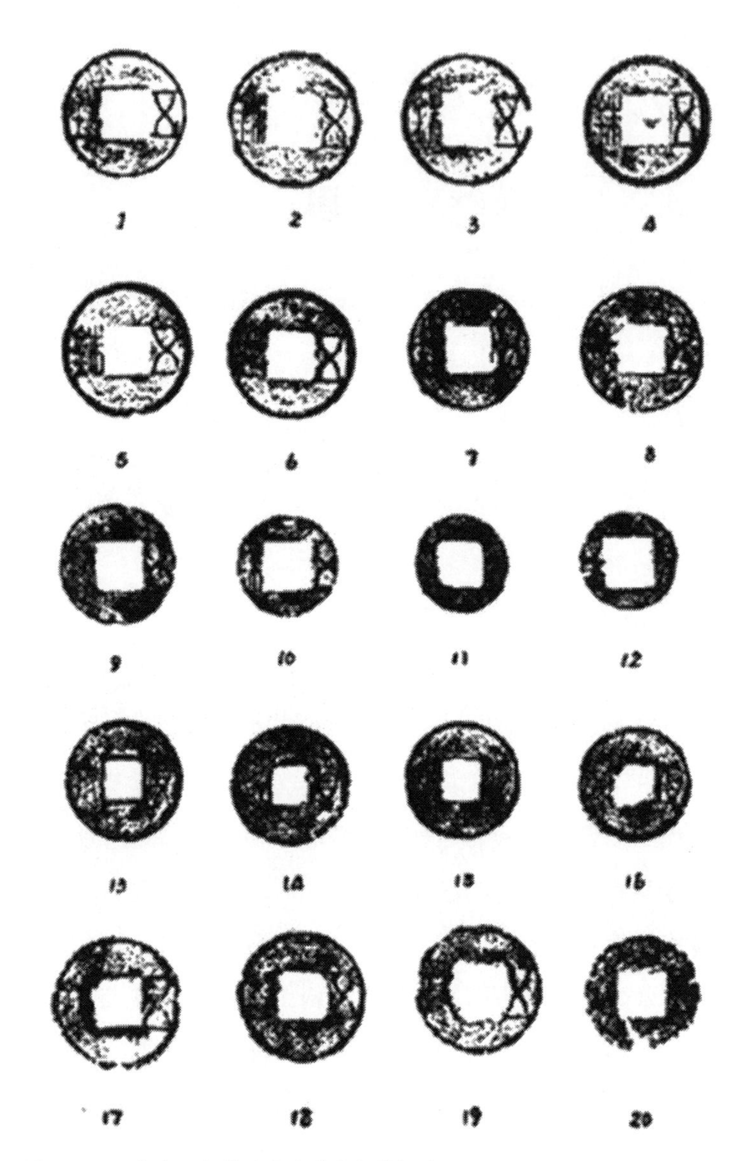

圖 4-37　一九七八年橫峰出土漢代銅錢拓本

泉」，六十八枚，大小不一，厚薄互異；「布泉」，有三枚。在這批古錢中，磨郭、剪輪和私鑄的五銖約占全部五銖錢的百分之四十之多，加上綖環五銖就更多了。此比例與浙江臨海下塘村出土漢錢盆相仿，[83]說明當時減重盜鑄錢幣之風遍及全國，將近每二枚五銖錢中就有一枚是假的。[84]

一九七八年在萍鄉湘東區麻山出土的西漢五銖錢銅範，長十五點七釐米，寬七釐米，重一千五百五十克，分公母兩塊扣合而成。母範正面有「五銖」反寫陰文篆書兩字，字跡清楚、規整。此範一次可鑄八枚五銖錢。疑是西漢中期昭帝之時的錢模。故有學者認為這是「郡國或者是豪強大賈盜鑄的錢範，不是西漢王朝統一鑄錢的錢範」[85]，因昭帝、宣帝時，物價低廉，五銖的購買力很高，各地都發生了盜鑄五銖錢的現象。還認為萍鄉出土的錢範是受湖南的影響，反映了萍鄉與湖南之間有著密切的經濟聯繫。萍鄉市共清理漢墓二百餘座，其中蘆溪、赤山、湘東一帶還發現漢墓群，在墓葬與窖藏中曾出土大量五銖錢，如一九八二年在赤山出土五銖錢多達三百餘斤。[86]錢範與銅錢的出土，說明當時萍鄉地區的貨幣經濟相對發達，且與豫章西鄰長沙國的商品交往比較密切。

83 徐三見、朱汝略：《臨海出土漢代銅錢》，《中國錢幣》一九八六年第三期。

84 肖錦秀：《高安大城出土漢代銅錢》，《南方文物》一九九八年第一期。

85 劉敏華：《西漢五銖錢銅範》，《江西歷史文物》一九八七年第二期。

86 劉敏華：《西漢五銖錢銅範》，《江西歷史文物》一九八七年第二期。

一九八七年十月上旬，在橫峰縣岑陽鎮何家村出土一批漢代銅錢，原有數量約三十五公斤，現尚存二十七公斤，共計八千六百四十八枚，其中新莽貨泉三十四枚，占總數的百分之〇點三九，私鑄五株四十六枚，占百分之〇點五三，其餘的全是兩漢五株。兩漢五銖在這批銅錢中占百分之九十以上，其中規整五株五千四百六十二枚，占現存總數的百分之六十三點一；磨邊五株二千二百四十六枚，占百分之二十五點九七；剪輪五株八百六十枚，占百分之九點九四。[87]

一九七二年八月至一九九〇年九月，在安遠鎮崗鄉灣裡村接連四次發現漢代窖藏銅錢，出土的銅錢總計多達一二百斤。所發掘的西漢錢幣中，有四銖「半兩」二枚，西漢五銖錢共五式十種（元狩五銖、赤仄五銖、上林三官五銖、宣帝五銖二品、小五銖及剪輪「五銖」）；新莽時期錢幣有貨泉五十六枚，布泉二枚；東漢時期錢幣有六式十八種，其中有漢光武帝五銖、記號錢三品、磨邊五銖、剪輪五銖、花穿五銖、董卓小五銖等。[88]銅錢數量之大，品種之多，時間跨度之長，實屬江西境內罕見，亦說明當時幣制相當混雜。

另外，在寧都、樂安、贛縣、萬安等地也都陸續發現漢代各個時期鑄造的銅幣。例如：一九七九年八月，寧都縣東名公社琳

87 黃國勝：《橫峰出土漢代銅錢》，《南方文物》一九八九年第二期。
88 鍾榮昌：《江西安遠灣裡出土漢代窖藏銅錢》，《南方文物》一九九三年第一期。

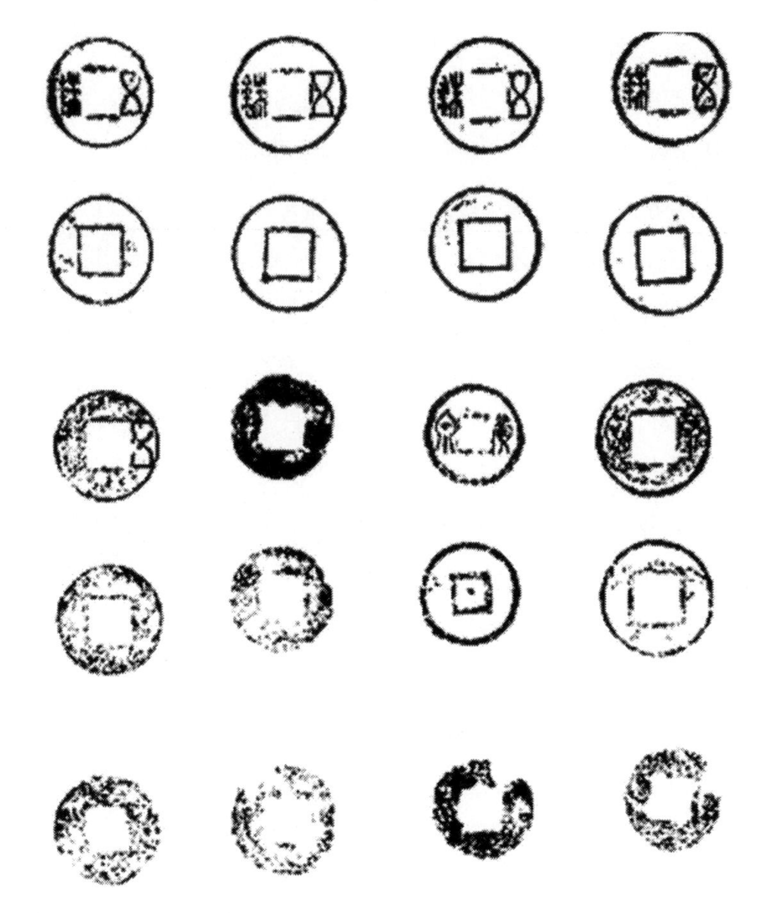

圖 4-38　一九八六年贛縣出土漢代銅錢拓片

池村發掘出漢代「半兩」錢、「五銖」錢（三種）、剪輪五銖、「貨泉」。[89]一九八三年在寧都縣大沽鄉小沽村出土漢代的「半兩」

89　劉勁峰：《寧都縣出土一批古代銅錢》，《南方文物》，一九八〇年第二期。

錢、五銖錢兩種。[90]一九八五年九月中旬，樂安縣敖溪鎮與供坊鄉兩地掘出一批古銅錢，其中兩漢五銖錢四枚，東漢早期的剪輪五銖七枚（4 枚殘缺），私鑄五株一枚，新莽貨泉一枚。[91]一九八九年七月間，贛縣城東北四十四點五公里處的南塘鄉澄藉村黃塘口田圳邊挖出兩罐漢代銅錢幣。罐藏於離地表約一米深的圳壁上，銅幣散裝罐中，部分鏽蝕嚴重，經揀選共一千五百一十一枚，重四點四公斤。[92]一九八八年三月萬安縣梘頭村湖洲發掘出二十多公斤古銅錢，其中有西漢四銖「半兩」「五銖」錢，東漢「五銖」錢、磨廓「五銖」、剪輪「五銖」、新莽「貨泉」等。[93]一九九二年十二月中旬，高安市相城鄉在城郊修築京高公路時發現一古錢窖藏，其中有西漢的「半兩」「五銖」，新莽「貨泉」「大泉五十」，東漢的「五銖」錢。[94]

以上銅錢的出土，對於我們瞭解兩漢貨幣很有幫助，也從一個方面反映了漢代尤其是東漢時期江西貨幣經濟的發展程度，以及當時江西與其他地區經濟文化交流頻繁的狀況。

90 蕭愛華：《寧都縣新出土一批古錢》，《南方文物》一九八四年第二期。
91 黃愛宗、羅春生：《樂安出土一批古銅錢》，《南方文物》一九八七年第一期。
92 賴斯清：《贛縣出土漢代錢幣》，《南方文物》一九八九年第一期。
93 陳凱華：《萬安縣發現漢代銅錢窖藏》，《南方文物》一九九〇年第一期。
94 肖錦秀：《江西高安發現銅錢窖藏》，《南方文物》一九九七年第二期。

第五章——秦漢時期江西人物與文化

先秦時期，江西地區儘管留下了萬年仙人洞、清江吳城、新干大洋洲等令世人驚嘆的石器時代和殷商青銅文明遺跡，但人文方面幾乎空白，只留下了洪崖仙人之類傳說的雪泥鴻爪。秦漢時期，在全國統一、江西地方社會政治經濟文化大為進步的內外因素的影響與作用下，江西的政治軍事性人物、文化人士已開始不斷地成長起來，不斷地創造出新的文明，並頗具影響地陸續登上了江西乃至全國的歷史舞台。值得特別注意的是，宗教作為一種特殊文化，自先秦以來即活躍於江西地區，秦漢時期本區的宗教文化已處於全國比較先進的行列。事實上，秦漢江西地區文化雖然與全國先進地區相較表現得遜色，但決非東漢時人所認為的是「卑薄之域」[1]。

第一節 ▶ 政治軍事人物

秦漢時期，隨著中國大一統，「車同軌、書同文、行同倫」，江西地區納入了中原王朝的政治版圖。本區人物也與中央的政治、經濟、文化活動產生了聯繫，陸續登上了江西乃至中國歷史的舞台，展現自己的風采。當然，受地域文化的影響與作用，江西人物身上也表現出自己的地域個性特色。[2]

1 《後漢書》卷五三《徐稚傳》

2 本節人物凡未註明出處者皆見吳新雄主修《江西省志・江西省人物》，方志出版社二〇〇七年版，及陳榮華、陳柏泉、何友良主編《江西曆代人物詞典》，江西人民出版社一九九〇年版。

一 江西第一人傑——吳芮

在南昌滕王閣第四樓，有一幅巨大的江西歷史文化名人壁畫。在這些傑出人物中，余干人吳芮居第一，因為吳芮（？—前201年，一說前202年）是江西歷史上第一個有明確記載的傑出人物。

關於吳芮的生平事蹟，《史記》只有零散記載，《漢書》為其立傳，但仍然較為簡略，其云：

> 吳芮，秦時番陽令也，甚得江湖間民心，號曰「番君」。天下之初叛秦也，黥布歸芮，芮妻之，因率越人舉兵以應諸侯。沛公攻南陽，乃遇芮之將梅鋗與偕攻析、酈，降之。及項羽相王，以芮率百越佐諸侯，從入關，故立芮為衡山王，都邾。其將梅鋗功多，封十萬戶，為列侯。項籍死，上以鋗有功，從入武關，故德芮，徙為長沙王，都臨湘，一年薨，謚曰文王，子成王臣嗣。薨，子哀王回嗣。薨，子共王右嗣。薨，子靖王差嗣。孝文後七年薨，無子，國除。初，文王芮，高祖賢之，制詔御史：「長沙王忠，其定著令。」至孝惠、高後時，封芮庶子二人為列侯，傳國數世絕。

《漢書》的記載使我們對吳芮及其事蹟有個大致的瞭解，但由於記載過略，又使後人在一些問題上產生了分歧。如吳芮的籍貫問題。《史記》、《漢書》對此並未交代清楚，只說曾任秦「番令」或「番陽令」，因「甚得江湖間民心」而「號曰『番君』」。所以後人據此認為吳芮是秦時或秦漢之際鄱陽人，當無異議。問題是秦代鄱縣所轄範圍很廣，幾乎包含了整個鄱陽湖地區，自漢已降，縣數不斷增加，至今已有鄱陽、景德鎮、浮梁、樂平、萬年、德安、余干、都昌等數縣市並立，於是便有鄱陽、余干、景德鎮諸說。更有研究者據唐宋以後方志傳載甚至某些傳聞考證，認為吳芮鄉邑籍貫乃景德鎮市鵝湖鄉。[3]其實，關於吳芮籍貫問題，秦漢文獻既稱其「番令」、「番君」，已明確地告訴我們，他是今贛北環鄱陽湖地區人氏，這比當時文獻中常見的「某某郡人某某」敘述方式要具體得多。因而，從學術上講，此類爭議既糾纏不清，也無持續下去的必要。

相傳吳芮是周太伯之後、春秋戰國時期吳王夫差七世孫。西元前四百七十三年，臥薪嘗膽的越王勾踐終於滅了吳國，殺掉了吳王夫差，同時下令斬草除根，追殺夫差後人。於是，夫差子孫四散逃命。其中一支隱居於鄱湖地區，吳芮即出自這支。這在秦漢史籍中未見記載，多來自民間傳說和吳氏譜牒。但吳芮既能以小小縣令而「甚得江湖間民心，號曰「番君」，且為越王勾踐後裔閩越王無諸、東海王搖和江湖大盜英布追隨，除了他個人的號召力與親和力外，家世的背景也是不容忽視的。據史載，吳芮的父親吳申曾在楚考烈王時為臣，因諫議事被貶官到鄱陽，後徙遷余干縣西南善鄉龍山定居。他會制酒，也會治病，在當地人民中很受尊重。西元前二百四十一年，吳芮出生在余干善鄉（今社庚

3　詳見李新才：《吳芮鄉邑籍貫考略》，《江西歷史文物》一九八七年第二期。

鄉）龍山，相傳吳芮出生時，龍山頂有五彩云呈現，故人們將龍山改為五彩山。父親將他取名為「芮」，芮是一種適合於高緯度山區生長的水稻，意思就是希望他的一生能夠為天下人的溫飽而奮鬥。所以，傳說雖不足信，但前有吳太子慶忌「出居於艾」，國破之後，吳王子孫避難於同屬吳楚（越楚）中間地帶的番，並以國號為姓，傳至吳芮時，遂成為越民領袖——「番君」，也是合乎情理的。

秦末，陳勝、吳廣在大澤鄉揭竿而起。秦朝刑徒英布也率領一支義軍來到番陽。秦二世二年（前208年）八月，吳芮在番邑率子侄及部將梅鋗宣告起義，百越民眾群起響應。吳芮並把女兒嫁與英布為妻，以張大勢力。秦朝滅亡後，項羽分封吳芮為衡山王，建都於邾（今湖北黃岡市西北），統管百越地區。楚漢相爭，吳芮附漢，助劉邦統一天下，建立西漢政權。在楚漢相爭之中，憑自已占據的地盤和吳國君王之後的身分吳芮附漢，項羽敗亡後，與韓信等人上表稱臣，擁戴劉邦為帝，成為西漢的開國元勛。西元前二百〇二年，劉邦登上帝位伊始即封吳芮為長沙王。以原秦長沙郡建立長沙國，將湘縣改名為臨湘縣（今日的長沙城即在此基礎上發展而來），作為國都。領長沙郡以及名義上的豫章、象郡、桂林、南海四郡。從此，湖南歷史上出現了第一個諸侯王國，長沙第一次成為王國都城，「楚南雄鎮」發展為漢藩王都，長沙開始以「楚漢名城」顯揚於世。

吳芮之所以被劉邦封為長沙王，原因在於：其一，他在越族中的地位和影響。在南方越族人口眾多，一時無力征服的漢初，劉邦需要吳芮這樣的人物來安撫越族。其二，在反秦起義中，吳芮是較早起來響應陳勝且有英布、越族首領無諸和搖等重要人物追隨的秦朝官員，在當時影響很大。其三，劉邦曾與項羽在楚懷王面前相約：「先入關中者王之。」在進軍關中途中，為析（今）、酈（今）守軍阻擊，關鍵時刻，得到吳芮部將梅鋗的協助，並一直「從入武關」，為劉邦「先入關中」立下汗馬之功。其四，在劉項決裂、楚漢戰爭爆發後，吳芮審時度勢，堅定不移地站到了劉邦一邊。曾追隨他的無諸和搖也率越族部眾投向劉邦，英布雖然一度站錯隊伍，但後來還是成為劉邦麾下的悍將。總之，吳芮及其舊部在關鍵時刻都投向了漢方，大大增強了劉邦的勢力。這幾個因素綜合起來，再加上吳芮對劉邦的忠誠，遂使他成為漢初八大異姓諸侯王之一。從史籍記載看，吳芮具備領袖才質，卻從不自我張揚。項羽封他為衡山王，都邾（今湖北黃岡縣西北），這裡原屬楚國腹地，經濟相對發達，又靠近家鄉鄱陽。劉邦將其徙為長沙王，都臨湘（今湖南長沙市），這裡經濟、人文均明顯落後，東漢時還是「人多以乏衣食，產乳不舉」[4]。更有意思的是，劉邦在分封異姓王的詔書中，徙封吳芮的理由是：

故衡山王吳芮與子二人、兄子一人，從百粵之兵，以佐諸侯，誅暴秦，有大功，諸侯立以為王。項羽侵奪之地，謂之番

4 周天游：《八家後漢書輯注》，上海古籍出版社一九八六年版，第226-227頁。

君。其以長沙、豫章、象郡、桂林、南海立番君芮為長沙王。[5]

從中可見，劉邦徙封吳芮，明是表彰，實含貶抑。首先，「番君」之名得來已久，何來「項羽侵奪之地，謂之番君」？事實應是吳芮既投漢反楚，則項羽封的王號自然終結，劉邦污項羽貶其為「番君」，為的是讓吳芮牢記他的皇恩，是他使吳芮由番君變成長沙王的。其次，《漢書‧諸侯王表序》記曰：「波漢之陽，亙九疑，為長沙。」這就是說吳氏長沙國北瀕漢水，南抵九嶷山。它的領域大致上包括當今湖南省的絕大部分，以及廣東、廣西、江西、湖北四省區的一小部分。但實際上，吳芮真正只擁有長沙一郡之地：他名下有三郡都被南越王趙佗占有，長沙王直到相傳五世絕嗣除國，也沒擁有過這三個郡。至於豫章郡則已經封給了淮南王英布，怎麼可能又給吳芮？當然，這也許是史載或傳抄失誤。所以，吳芮名義上是諸侯王，實際上與郡守差不多。對此，吳芮應是心知肚明的。但是他卻無怨無悔，始終對漢朝忠心耿耿，其後代也奉守父道，默默守候在南方邊陲。這使劉邦改變了對他的態度。後來劉邦毫不留情地剷除異姓王，卻對吳芮格外開恩，原因就在於此。所以，西漢末大司徒司直陳崇才會在奏書中稱：「高祖之約，非劉氏不王，然而番君得王長沙，下詔稱忠，定著於令，明有大信不拘於制也。」[6]長久以來，史界多認

5 《漢書》卷一下《高帝紀》。
6 《漢書》卷九九上《王莽傳》。

圖 5-1 〔元〕趙孟頫《漢番君廟碑》拓帖（局部）
（圖片來源：書藝公社—中國書法之門）

為異姓長沙王之所以獨存，是因為其勢力弱小，恐怕並非如此。至於說「長沙當時尚屬邊陲，其政治經濟地位對於漢王朝來說無足輕重，故讓其獨存如此之久」[7]，更有失偏頗。事實恰恰相反，正因為長沙地接南粵，屬邊防重地，又遠離京城，中央對其鞭長難及，才使忠實可靠的吳芮血脈傳承下去。

說起吳芮的忠誠，後人稱頌不已，認為他的品德一直在激勵著後代。唐王德璉《鄱陽縣記》稱當地風俗是「忠臣孝子繼踵而出，吳芮之遺風難泯」[8]；元趙孟頫書《漢番君廟碑》帖冊；清蔣士銓作長詩《番君廟》：「漢定天下封功臣，異姓而王者八國。稱忠祗一長沙王，生都臨湘死廟食。暴虐當時苦秦政，獨有番君重民命。撫字能仁殺賊勇，漢家名將秦時令……丈夫功業立天下，生王死神寧苟且？江湖民心亦易得，在爾鄱陽後來者。」[9]

據傳，西元前二百〇一年，吳芮還曾奉令率兵定閩，至贛南金精山（今寧都縣西北 15 公里翠微峰）病逝，謚號文王。吳芮去世前，立下遺囑，死後一定要將遺體歸葬家鄉。原來，漢初，劉邦見江山已定，開始大力翦除異姓王，作為唯一保存下來的異姓王吳芮應該感受到巨大壓力。深知權力之爭無情的吳芮，對自己的後事作了明智安排。他不願葬於別處，而是選擇家鄉余干作為歸宿之地。舊《婺源縣誌》冢墓有記：「……王雖薨於長沙，猶反葬其故鄉也。」吳芮墓位於當時余干樂安鄉雞山。東漢光和

7 陳文華、陳榮華主編：《江西通史》，江西人民出版社一九九九年版，第 99 頁。

8 清雍正《江西通志》卷二六《風俗・饒州府》。

9 〔清〕蔣士銓著、邵海清校、李夢生箋：《忠雅堂集校箋》（全四冊），上海古籍出版社一九九三年版，第 58 頁。

元年（178 年），朝廷以余干（時稱余汗）縣樂安鄉置樂平縣，雞山屬樂平丹陽鄉。唐開元二十八年（740 年）婺源建縣，唐元和七年（812 年）又從樂平劃出丹陽鄉歸屬婺源，今吳芮墓位於婺源鎮頭鎮雞山上，至今墓前還完整保存有清雍正年間所立石碑，上刻：漢長沙王吳文王芮墓。南宋著名詩人、學者王十朋曾到吳芮出生地五彩山探幽訪勝，寫了一首《游五彩山》的詩，詩云：「吳芮當年生此山，此山彩色錦官城。如今不愛繁華地，松林森林一青青。」與吳芮相關的遺址很多，散見於鄱陽湖地區。鄱陽人為紀念吳芮的功德，將其少年讀書的私塾命名為番君書院，並為其立廟（長沙王廟，又稱番君廟）。

二　其他人物

秦漢時期，江西地區納入大一統格局，本地區有了更多的人物參與國家的軍政活動，得以青史留名。但由於本區偏離政治軍事活動中心，經濟文化較為落後，其歷史人物總的說來較少，事蹟也較為簡略。現就文獻資料所及江西的著名或非著名的軍政人物，大致按時間先後羅列於下：

灌嬰（？-前 176 年），前漢初大臣，睢陽（今河南商丘）人。初以販賣絲綢為業。秦末農民戰爭中，曾隨劉邦轉戰各地，陷陣卻敵。青年時期，以驍勇善戰聞名全軍，賜號昌文侯。高祖五年（前 202 年），從劉邦擊項羽於垓下，追羽至東城，破之，率將吏破吳郡，得吳守，定豫章、會稽郡，還定淮北，凡五十二縣。身經百戰，功績顯著。灌嬰南略時，抵豫章，下九江，始築九江城，民得安堵。據《九江府志》「古蹟篇」記載：灌嬰築九江城時，曾在庾樓側開鑿一井，因井水應江浪而動，名為「浪井」。唐代著名詩人李白曾有詩云：「浪動灌嬰井，潯陽江上風。」宋代著名詩人蘇軾也曾為此井題詩：「江波浮雲陣，岸碧立青鐵。胡為井中泉，浪湧時警發。……」後由於壘石護岸，江岸加寬，井底與江孔堵塞，因而不能聽到井浪中聲。浪井位於今九江市西園路三六九號門前。現已建亭護井，將李白、蘇軾詩文勒石刻碑嵌於亭壁，原有「浪井」碑石立於井旁。劉邦稱帝，灌嬰任車騎將軍，封穎陰侯。後與陳平、周勃共同平定呂氏叛亂，迎立文帝，任太尉。不久任丞相，後以丞相薨，謚懿侯。

章文，一作章交。西漢豫章郡南昌人。漢高祖五年（前 202 年）漢將灌嬰（一說陳嬰）率兵定吳、豫章五十二縣時，獻地降於嬰；又以南昌當南北之沖，進築城之計。灌嬰令其經營籌劃。功成，郡民立祠祀之。

羅珠，江西羅氏開山祖。據《江西羅氏大成譜》載，西漢初期，職守九江郡，奉朝令在今南昌一帶修築城池。城池竣工之日，羅珠曾經在城內親植豫、樟之樹，並且舉家搬到南昌城定居落籍。後來，朝廷決定在此設郡，就由於羅珠曾為南昌城手植豫樟，為了紀念羅珠的築城之功，也為了豫、樟兩種樹木已經成為南昌城的特有景觀之一，使將該地命名為「豫章郡」。豫章一地，很早就是羅氏的主要繁衍中心，此後豫章羅氏不斷地繁衍壯大，很快成為當地望族。《廣韻》稱，羅姓「望出豫章、長沙」，《太平寰宇記》也稱豫章五大姓中羅姓居首位。

陳夫乞（？-前 176 年），西漢豫章郡建成（今高安市）人。秦二世元年（前 209 年）陳勝、吳廣起義後，聚眾於蜀水（今高安錦江）之北，立寨練兵。漢高祖元年（前 206 年）劉邦入關滅秦時，率軍從之。四年，以都尉從劉邦擊項羽，定燕地。六年，以功封高胡侯，邑千戶。漢文帝四年（前 176 年）卒。謚忠侯。

曾據，西漢豫章郡人。其先人封於鄫（今山東蒼山縣）。西元前六百四十六年鄫亡，遂以國為氏。嘗以功封為都鄉侯。王莽之亂時，棄爵避居豫章郡，遂世為豫章人。

李淑，兩漢之際豫章人。綠林、赤眉起義爆發後，投身於綠林軍。新莽地皇二年（23 年），王莽敗亡，綠林軍首領擁立漢朝宗室後裔劉玄為帝，年號「更始」。李淑因文才而任軍師將軍（或作軍帥將軍）、博士。更始帝闇弱無能，又嗜好酒色，委政於外戚趙萌，自己則「日夜飲讌後庭」，不理政事。於是，「趙萌專權，生殺自恣。郎吏有說萌放縱者，更始怒，拔劍斬之，自是無敢復言」[10]。李淑挺身勸諫，冀望劉玄改弦更張，選用良材。更始二年（24 年）上疏稱：「陛下定業雖因下江（軍）、平林（軍）之勢，斯蓋臨時濟用，不可施之既安。」觸怒更始帝，被投進監獄關押一年多。至更始政權失敗後才被釋放。

陳靖，字康叔。東漢豫章郡餘汗（今余干）人。憤王莽篡漢，集鄉兵千人隸綠林國下江兵王常麾下，為中牙典軍樣尉。後王常薦之於光武帝劉秀，授為散騎常侍。嘗封餘汗侯。

羊茂，字季寶（一作季實）。東漢豫章郡人。為東郡（治今

10　《資治通鑑》卷三九。其事蹟另見《後漢書》卷一一《劉玄傳》、《後漢紀》卷第二《光武皇帝紀》。

河南濮陽）太守。

嚴豐，字孟侯，兩漢之際豫章人。事蹟不詳，僅有「為郡主簿。太守賈萌舉兵欲誅王莽，有飛蜂附萌車衡，豐諫以為不祥之徵，萌不從，果見殺」[11]記載，由此可見嚴豐應是精通方術之士。

何湯，字仲弓，兩漢之際豫章郡南昌縣人。少時師從沛郡龍亢（今安徽懷遠西北）人桓榮修習經學，成績優異。史稱：「榮門徒常四百餘人，湯為高第，以才明知名。」[12]東漢初，何湯以明經拜郎中，負責守衛京城洛陽南門——開陽門。何湯為人剛直不阿，恪守原則，滿腹經綸卻謙虛禮讓。一天，光武帝劉秀微服出行，深夜方歸，何湯竟以宵禁為由，閉門不納，劉秀無奈，只好改從中東門入城。這種明目張膽的犯上行為，在君主專制時代是不多見的。幸好劉秀是位崇尚「柔道」的開明君主，對其不僅不怪罪，還注意上了這位年輕的城門官，特地「召詣太官賜食」，而對中東門諸門郎則處以「奪俸」的責罰。建武十八年（42 年）夏，久旱不雨，公卿大臣皆頭頂烈日步行出城求雨，以

11 周天游輯註：《八家後漢書輯注》，第 197 頁。按：賈萌事蹟，《漢書》卷九九下《王莽傳》云：「莽楊州牧李聖、司命孔仁兵敗山東，聖格死，仁將其眾降，已而嘆曰：『吾聞食人食者死其事。』拔劍自刺死。及曹部監杜普、陳定大尹沈意、九江連率賈萌皆守郡不降，為漢兵所誅。」與謝書相悖，江西方志多用謝說，亦有引班固《漢書》糾謬者。班書所載地名、官職皆用新莽時稱，如九江連率（即豫章太守），而謝書則用漢稱，與事實不合。故應以班書為是。

12 《後漢書》卷三七《桓榮傳》注引謝承《後漢書》。另見周天游《八家後漢書輯注》，第 47-48 頁。

示虔誠。但洛陽縣令竟乘坐帶車蓋的馬車出城門，何湯當即率領衛士擋住縣令的車，將其收捕歸案。劉秀知道後，下詔撤銷縣令官職，並提拔何湯為虎賁中郎將。為此，劉秀曾感慨說：「糾糾武夫，公侯干城，何湯之謂也。」[13]何湯的老師桓榮乃東漢著名經學大師，但仕途不暢，年屆六十才選充大司馬府幕僚。當時劉莊（漢明帝）初立為太子，劉秀選求明習經學者教授太子，看中何湯，何湯推薦其師桓榮。桓氏經學因此不致埋沒，桓榮也深受劉秀敬重，先後補博士，進太子少傅，拜太常。明帝永平二年（59 年），拜五更，封關內侯。因而，桓榮每提及自己晚年仕進時就會說：「此皆何仲弓之力也！」何湯的為人及其對恩師之深情由此可見一斑。

劉陵，字孟高，東漢豫章郡艾縣（今修水縣）人。和帝時任長沙郡安成縣（今江西蓮花縣東北）長，頗有政績。據稱，該縣長期虎多為患，百姓紛紛遷往他縣。劉陵到任後，修德政，治虎患，只一個多月，「虎悉出界去，民皆還之」。因功官拜侍中，曾勸諫和帝不要在乘車出行時瞌睡，以保持天子的尊容和威嚴，和帝面帶愧色地說：「敬受侍中斯言，以為後戒！」[14]

鄧通[15]，字子淵，東漢豫章人。生性通達聰慧，「以清廉正直為行，又嚴毅不畏強禦」。曾任越騎校尉，治軍嚴整，為部下

13 《後漢紀》卷第九《孝明皇帝紀上》。另見周天游《八家後漢書輯注》，第 47-48 頁。

14 周天游輯註：《八家後漢書輯注》，第 219 頁。

15 鄧通或曰「鄧道」，據王謨《江西考古录》應為一人。

將士所敬畏。後被推薦出任左馮翊[16]，嚴厲打擊不法豪族大姓，號為「豪強所病」[17]。

宋度，字叔平，東漢豫章人。出任定陵縣（今河南舞陽縣北）令，為官清廉，生活儉樸，「素杯食麥飯」，受到人們稱頌。又敬慕賢能。「縣民杜伯夷清高不仕，（宋）度數就與高談，致棗栗而已」。杜伯夷終被感動，接受了縣署的委任。升任長沙太守後，宋度發現這裡經濟落後，很多民戶缺衣少食，因無力供養而時有殺嬰現象發生。宋度召來三老[18]，嚴加訓斥，張貼布告，嚴禁民間殺嬰。短期之內，民風大變，「比年之間，養子者三千餘人」，為感謝宋度恩德，人們所生嬰兒不論男女，「皆以『宋』為名也」。[19]後遷任京城謁者，任職期間，曾因九卿之一的大鴻臚（掌少數民族事務）辦事不勤，「奏罷大鴻臚」。京師流傳著「宋叔平一使，奏罷九卿」的話語。

諶重，一作諶仲。字文疊。東漢豫章郡南昌人。和帝時為薛縣（今山東滕縣）令，順帝時高第舉為豫章郡博士。累遷京輔都尉、右內史、衛尉、大司農。詔加奉車都尉，擢荊州（治今湖南

16 漢代三輔（京兆尹、左馮翊、右扶風）之一，西漢治所長安（今陝西西安市西北），東漢移治高陵（今陝西高陵縣西南）。左馮翊既是官名，相當於太守，又是政區名，相當於郡。

17 周天游輯註：《八家後漢書輯注》，第222-223頁。

18 三老，掌地方教化。戰國魏已有三老。秦置鄉三老，漢又增縣三老。《漢書・高帝紀上》：「舉民年五十以上，有修行，能帥眾為善，置以為三老，鄉一人。擇鄉三老一人為縣三老，與縣令、丞、尉以事相教。」東漢時又有郡三老，見《後漢書・王景傳》。

19 周天游輯註：《八家後漢書輯注》，第226-227頁。

常德市）刺史，封漢昌侯，政績甚重。

喻猛，一作喻孟。字驕遜。東漢豫章郡人。和帝時官蒼梧郡（治今廣西梧州）太守。

項誦，字叔和。東漢豫章郡人。順帝時官為郡主簿。

周騰，字叔達。東漢豫章郡南昌縣人。博學精星相。漢桓帝時任侍御史。

孔恂，字巨卿。東漢豫章郡新淦（今樟樹市）人。官至州別駕。

羊茂，字季寶，東漢豫章人。曾任東郡（治今河南濮陽縣西南）太守，為官清廉，公私分明，「冬坐白羊皮，夏處丹板榻，常食乾飯，出界買鹽豉，妻子不歷官舍」[20]，為歷代稱頌。

張冀（一作張載），字仲宗，東漢豫章人。曾任廣陵（治今江蘇揚州市西北）太守，舉孝子吳奉為孝廉。吳奉為感謝張冀的舉薦之恩，在張冀離任還鄉後，專程攜帶禮金登門拜謝。張冀問清緣由後，緊閉宅門，執意不受。吳奉無奈，只好用布袋裝著禮金，乘夜深人靜時投到張冀宅園裡，然後迅速離開了。次日晨，張冀發現後已追之不及。於是，張冀打點行裝，趕到廣陵吳家，把禮金歸還吳奉。[21]

廖國祥，字碩補，原籍陳留郡（河南開封東南陳留鎮）。延熹年間（158-166 年），任臨汝（今臨川）知縣，建寧二年（169

20 周天游輯註：《八家後漢書輯注》，第 199 頁、第 498 頁。
21 周天游輯註：《八家後漢書輯注》，第 230 頁。

年）棄官，卜居臨川龔溪，捐資攔河築陂，修渠五十餘年，灌田千頃。未幾，陂潰，復捐資修築，歷時年餘始成。鄉民建陂王廟，以志其功。

施陽，字季儒（一字季倫）。東漢豫章郡宜春人。漢末為舒縣（今安徽廬江縣）令。

羅劭，字仲進。東漢豫章郡南昌人。建安初為侍中。李傕之亂時從漢獻帝避難弘農郡（治今河南靈寶）。及車駕還都，被封為列侯。

彭材，東漢豫章郡人，農民起義軍首領。建安十八年（213年）與李玉、王海等在豫章舉行起義，擁眾萬餘人。孫權派新都太守賀齊前往鎮壓，起義失敗。

以上所列人物雖然不多，事蹟也多為簡略，但他們的出現及其行為，已充分表明江西地方人物開始逐漸登上國家的政治舞台。同時，秦漢時期江西的軍政人物，他們或忠於職守，或廉潔奉公，或擁護正統政權，或反對暴政，顯現了江西人的樸實、忠誠、重正統的思想以及不畏強暴的精神。這一思想精神特徵，一以貫之於千百年的江西人物。

第二節 ▶ 儒家文化人物

儒家文化教育在江西出現得較早，春秋末期，孔子門生澹台滅明南遊楚地，定居南昌，聚徒講學，死後葬於今南昌市東湖之濱。[22]戰國秦漢之際，江西地區不見有影響的儒家人士，地方教育也不可考。中國古代有確切記載的地方官辦儒學教育始於西漢。漢景帝末文翁化蜀，首起「學官」，招下縣子弟以為學官弟子。漢武帝令天下郡縣皆立學校，漢元帝在郡國置《五經》百石吏，漢平帝時更有縣道邑建立官學的詳細措施。然江西境內直到東漢末仍不見有辦官學的明確記載。史籍中只有九江壽春人梅福，西漢時為郡文學，補南昌尉；東漢和帝時諶重任豫章郡博士，江西地方官學似從此發端。東漢中後期時江西儒學已有較大的進步，成績較為突出。在《後漢書》中正式入列傳的江西文化名人就有徐稚、程曾、唐檀等，他們不僅為儒學在江西的發展奠定了基礎，而且開江西的「節義」風氣之先。

一　儒者程曾、唐檀、張遐

程曾，字秀升，東漢前期豫章郡南昌縣人。自漢武帝採納董仲舒建議，「罷黜百家，獨尊儒術」後，經學逐漸興起，東漢尤盛，官儒合流，士子多通經入仕。程曾亦不遠千里，輾轉京師長安（今陝西西安市），從名師受業，學習《嚴氏春秋》。積十餘年功力，返回家鄉，教授生徒。有弟子數百人，其中以會稽郡（治今浙江紹興）人顧奉最為著名。著書百餘篇，都是疏通《五經》疑難之作，又作《孟子章句》。章帝建初三年（78 年），舉

22 〔清〕雍正《江西通志》卷一一〇《邱墓》。

孝廉，遷海西縣（治今江蘇灌南縣東南）令，因病卒於任所。[23] 今存清朝人馬國翰輯《孟子程氏章句》一卷附一卷（玉函山房輯佚書刻本）。

唐檀，字子產，東漢後期豫章郡南昌縣人。「少游太學，習《京氏易》、《韓詩》、《顏氏春秋》，尤好災異星占」[24]。學成後回歸鄉里，聚徒講學，門生常達百餘人。東漢經學盛行，讖緯氾濫，方術亦大行其道，尤其在統治腐敗黑暗、天災人禍頻仍、社會矛盾尖銳之時，災異星占之術大有市場。「災異星占之術」不宜簡單地斥之為迷信，其中包含的觀察、分析、推理、預測都體現了行為者的學識和睿智，在當時也是傳統儒士維護統治的重要工具。元和七年（120 年）至延光四年（125 年）間，唐檀即借災異之變抨擊宦官、外戚專權。《後漢書・唐檀傳》載：

> 元初七年，郡界有芝草生，太守劉祇欲上言之，以問檀。檀對曰：「方今外戚豪盛，陽道微弱，斯豈嘉瑞乎？」祇乃止。永寧元年，南昌有婦人生四子，祇復問檀變異之應。檀以為京師當有兵氣，其禍發於蕭牆。至延光四年，中黃門孫程揚兵殿省，誅皇后兄車騎將軍閻顯等，立濟陰王為天子，果如所占。

23　事見《後漢書》卷七九下《儒林列傳》。
24　《後漢書》卷八二下《方術列傳》。

順帝永建五年（130 年），舉孝廉[25]，除中郎。不久，因漢室外戚、宦官為禍，政治黑暗，棄官而去，終老於家。著有《唐子》二十八篇。

張遐，字子遠。東漢豫章餘汗（今餘干）人。年十七通《易經》。後舉孝廉，補郡功曹。靈帝建寧間，授為五經博士，遷鴻儒學士。著有《易傳》、《筮原》、《龜原》《五經通義主義》、《吳越春秋外紀》等書。

二　南州高士徐稚[26]

徐稚（97-169 年），字孺子，東漢後期豫章郡南昌縣人。相傳，徐稚的曾祖徐審言，是一位飽學之士，西漢沛郡人，據傳，王莽末年，全家徙居會稽郡太末縣（今浙江龍游）。東漢建武年間（25-55 年），又因避兵亂而遷居豫章郡南昌

圖 5-2　徐稚像

25　孝廉，漢代選官制度——察舉制的主要科目之一，漢武帝始設。孝廉是孝順父母、辦事廉正之意。孝廉舉至中央後，雖不立即授以實職，而是入郎署為郎官，承擔宮廷宿衛，「觀大臣之能」，熟悉朝廷行政事務。但一段時間後，經選拔可根據品第結果授予不同的職位，如地方的縣令、長、相或中央的有關官職。因而，一旦被舉為孝廉，就意味著正式踏上仕途。

26　此文基本採用周鑾書主編《江西歷代名人傳・徐稚》（百花洲文藝出版社 2002 年版），文字稍作改動。作者徐高祉。在此表示感謝。

縣，起初住在南塘，後來定居沙村。徐稚出生時，其祖父徐昌齡年已古稀，體弱多病，靠他父母務農維持生計，非勤力耕稼便難獲溫飽。徐家雖貧，卻知書達理，毫不自卑，從不輕易求人，而對濟助鄰里解除困難，卻莫不盡心竭力。徐稚生性孝順，資質聰敏，幼年時即幫助父母從事稼穡，並在父母教導下刻苦學習。他九歲時便能記誦《春秋經》和《公羊義例》的全文。十五歲時奉父親徐儉之命，在外祖父的資助下，去櫧山和智度寺（兩地均在今江西豐城東南）就師於著名學者唐檀。他勤奮好學，天資穎悟，頗受老師器重，經其悉心教育，遂盡得唐檀之藝而又過之。徐稚後赴京師洛陽，進太學讀書。他在太學時，獲得與更多的當代學者接觸的機會，曾一度前往魯陽（今河南魯山），向堅拒東漢安帝徵聘為博士的南陽大儒樊英請教，並以己見與之商榷。徐稚的談吐令樊英大為驚嘆，感到他是個非凡之才。徐稚後來又慕江夏（今湖北黃岡西北）黃瓊之名，負笈前往，從之學習，使學問、德業大獲進益。

徐稚的學識極為淵博，在年輕求學時，便對《嚴氏春秋》、《京氏易》以及《歐陽尚書》等經學頗有研究。且即知即行，躬行實踐，並行之執著。此外，他還對「七緯」、「變易」等緯學以及風角、星官、算曆、《河》、《圖》之類的知識、技能也都相當豐富和擅長，並能觸類旁通，予以闡發，給予新穎與比較合理的解釋和運用。徐稚的學問、才識在師友和郡縣鄉里享有卓著聲譽，其言行品德，尤能砥礪世俗。據南朝宋范曄《後漢書》記載，徐稚「家貧，常自耕稼，非其力不食」，待人誠懇、謙遜，尚賢樂善，見利不爭，有過不諉，「閭里服其德化」。在他的風範影響下，豫章民風為之淳厚。

一向敬賢禮士的尚書陳蕃，為人方正，因得罪權貴，於桓帝建和元年（147 年）被排擠而出任豫章太守。陳蕃為太學時，便與徐稚相識相知。所以陳蕃剛到南昌，還未進公廨，便立刻到徐稚家去拜訪，暢談別後情誼，並禮請徐稚擔任豫章郡府功曹。徐稚辭謝不就，卻常與他交往。陳蕃在太守官衙從不接待賓客，唯獨徐稚例外。為表示對徐稚的敬重，陳蕃特在署內設置一榻，專供徐稚來訪時坐息、對談，徐稚一走，便將榻懸掛起來。「初唐四傑」之首的王勃撰寫的名文《滕王閣序》中說：「豫章故郡，洪都新府」是「人傑地靈」之區；而豫章人傑的代表人物，便是「下陳蕃之榻」的徐孺子。

徐孺子對官場專權腐敗深惡痛絕，曾感嘆說：「大樹將顛，非一繩所維，何為棲棲不遑寧處？與其混跡於朋黨，爭鬥於惡濁世道之中，不如隱居，潔身自好。」被世人稱為「南州高士」。徐稚曾經多次被察舉、辟薦。他的老師黃瓊於桓帝永興二年（154 年），任職太尉，向朝廷薦徐稚，舉有道（「有道」是漢代選舉士人的科目之一，指有道德、才能的人士），官拜太原太守，請徐稚到京城洛陽任職，共襄漢政。徐稚不僅一再委婉辭謝，而且從太學畢業與黃瓊分別後，便不曾過往，絕不復交。直到延熹二年（159 年），新升任尚書令的陳蕃，見禍國殃民、驕橫跋扈的太將軍梁冀被誅，認為東漢政治可望澄清，遂會同僕射胡廣等聯名上疏桓帝，稱徐稚「爰自江南卑薄之域，而角立傑出」，能「左右大業」，如若起用，必然「增光日月」。桓帝接受建議，派人以安車、玄纁前來徵辟。可是徐稚仍然不肯應召。漢靈帝即位之初，東漢政權搖搖欲墜，想借用一批德高望重、學富才優的能人，為腐朽王朝裝飾門面，挽救危局，也想用蒲輪聘徐稚入京任職，可是就在這年（靈帝建寧二年，即 169 年）五月，徐稚病故，享年七十二歲。

東漢時期，先是外戚擅權，繼而宦官與外戚展開了長期的爭權奪利的鬥爭，延至桓、靈時期，又興起了黨錮之獄，政治極端腐敗，許多才德之士認識到東漢王朝已臨末日，都不應徵聘，不求仕進。徐稚冷眼現實，堅決不肯接受東漢朝廷的徵聘，因而沒有捲入當時的政治鬥爭，既倖免於黨錮之禍，也保持了自身的清白。徐稚平素不結交權貴，卻極重友情。他曾拒絕老師黃瓊的舉薦，不去京城任職，並與黃瓊絕不復交；但後來聽到黃瓊病逝時，卻不遠萬里赴喪。黃瓊歸葬時，徐稚負糧徒步走到江夏參加葬禮，由於家貧，川資不足，便帶著磨鏡工具，沿途為人磨鏡取值，補充路費。到達墓所後，把從家裡帶去藏在雞腹的漬酒棉絮，浸水成酒薄祭，哭畢而去，不告姓名。郭泰母卒，徐稚赴太原介休弔唁，由於路途太遠，兼以家貧，無他物作為祭禮，只置生芻一束於墓廬之前而去。會葬眾人不知是誰，亦不解其故。郭泰得知後便說：「《詩經》有言，『生當一束，其人如玉』，此乃徐孺子所為。」徐稚的老師唐檀，辭官歸隱豫章郡故里。後臥病經年，徐稚經常前往看望侍候，並致醫藥、飲膳。順帝陽嘉四年（135 年）唐檀病故，家徒四壁，身後蕭條。徐稚與同郡諸受業於唐檀的學生，共營葬事，哭喪盡哀。以後每年都親往師墓祭掃，對唐檀的後人，時予賙濟。[27]又《三吳土地記》曾載：東漢時徐孺子曾哭弔友人姚元起於孺山（位於今浙江湖州市境的故菰城）。該書還說當時有位九江郡人何子翼曾記敘過這件事。何說：「南州孺子，弔生哭死；前慰林宗，後傷元起。」孺山原有土地廟，內供「南州高士」神像。今廟與像雖已不存，但還有一塊「徐南州舊隱」五字的橫匾，此一徐稚遺跡為當地鄉民所保藏。徐稚一生的道德、操行、學識和能力，為世人所稱譽，其高風亮節，千古流芳，九州共仰。

徐稚卒後，葬於其故宅（今江西南昌市內的孺子亭公園內）東南約五里許的社壇（今東壇巷）。三國時期，徐稚墓已頗具規模，其後歷代都經州郡官府和徐氏後人迭加修葺。墓為圓形，層疊紅石砌建，上銳下廣，作金字塔狀。墓前有巨石碑鐫「漢高士徐孺子先生之墓」隸字。每逢清明、冬至兩節，例有來自蘇、浙、皖及江西的徐氏後人或代表，集於墓地祭奠。惜在「文革」浩劫中，被橫加破壞，墓地已被夷平；現倖存的僅有大石碑兩座，其上所鐫詩文字跡，依稀可辨。

除徐稚外，東漢時期江西還有一些高士：

袁京，字仲譽，東漢章帝、和帝時代人。本居京城，因厭倦京城奢華生活與權謀傾軋，不樂仕進，遂隱居宜春縣城東北五里山，集賢講學。他一生清廉，是東漢中期的節義名士。死後葬於五里山，後人推崇其「高義」，稱袁高士，立「高士坊」。今宜

27 明崇禎乙亥《唐氏宗譜・艾南英序》。

春市區亦有「高士路」。所隱居處，取名「袁山」。「袁州」、「袁河」皆因袁山而得名。

黃向，字文章，東漢豫章人。「為性廉潔」，樂於助人。喜好早晨散步。有一次，在散步途中撿到一個沉甸甸的布袋，解開一看，全是金銀珠寶，估計價值三百餘萬。黃向不為所動，僱人四出打聽到失主，將珠寶原封不動地還給他。本已絕望的失主要分財物的一半給黃向，以感謝他的恩德。黃向頭也不回地快步離開了。[28]

三 陳、雷之誼

陳重，豫章郡宜春縣人。年少時與同郡雷義結為好友，一起學習《魯詩》與《顏氏春秋》等儒家經書。有一年，豫章郡太守張雲推薦陳重為孝廉，陳重讓給雷義，並先後十餘次向張雲申訴理由。張雲未聽其言。第二年，雷義也被舉為孝廉，於是，兩人同在中央郎署為郎官。任職期間，有一同僚負債數十萬錢，無力償還，債主天天催逼。陳重得知後，私下幫他把債還了。此人發現後感恩戴德，要重謝陳重。陳重卻若無其事地說：「這不是我做的，也許是與我同姓名的人代你償還的吧！」始終不承認自己的恩惠。又有一次，同舍一郎官告假回家奔喪，匆忙中誤將另一郎官的褲子帶走。失主懷疑是陳重拿了，陳重並不為自己申辯，而是去市場買了條褲子賠償他。此事直到奔喪的同僚回來後，把

28 周天游輯註：《八家後漢書輯注》，第201頁。

誤拿的褲子歸還主人，才真相大白。後陳重與雷義同時拜授尚書侍郎官職。雷義因代人受過而被免官，陳重見好友離京還鄉，無心留任，也稱病告退。居家不久，陳重又被推為茂才，[29]出任細陽（今安徽太和縣東南）縣令，政績考評優異，擬升任會稽太守，因姐姐去世而辭官離職。後又為司徒徵召，官拜侍御史，卒於任上。

雷義，字仲公，鄱陽人。初時任郡功曹，舉薦擢拔了很多德才兼備的人，卻從不誇耀自己的功勞。雷義曾經救助過一個犯了死罪的人，使他減刑得以贍養一家老少。這個人為了感謝雷義的再造之恩，攢了兩斤黃金送到雷家，以表寸心。雷義堅辭不受。這個人沒法，只好暗暗把金子放在雷家老屋的天花板上。若干年後，雷義修葺房屋，翻開屋頂，才發現那兩斤金子。但送金子的人此時已過世，妻小也不知流落何方，無法退還。雷義便將這兩斤黃金交付縣曹，充入官庫。雷義任尚書侍郎時，有一同僚因犯事，當受處罰，雷義為他分擔責任，向上司上書申辯，願意自己獨擔罪責。同僚聞知，棄職進京自陳衷曲，請求為雷義贖罪。後順帝下特詔，兩人皆免予刑事處分。雷義回鄉又被舉薦為茂才，雷義認為陳重託病辭官全因自己引起，要把這功名讓給陳重，刺

29 茂才，漢代察舉常科之一。原稱「秀才」，東漢避光武帝劉秀諱更名「茂才」。與孝廉皆為郡舉、來源平民、先為郎官不同，茂才是州舉，推薦對象多是低級官吏、太學生等，且舉為茂才後隨即出任縣令或相當於縣令一級的官職。因而，雖同是察舉常科，但茂才地位高於孝廉。

史不批准。於是雷義就假裝發狂，披頭散髮在街上替陳重奔走呼籲，而不去應命就職。因此鄉人諺云：「膠漆自謂堅，不如雷與陳。」後用「雷陳」形容友誼真摯，交情牢固。後三府（太尉、司徒、司空）同時徵召兩人，雷義被任命為灌謁太守，讓他持節督察諸郡國的風俗教化，他設席講學，太守令長各級官員來聽講的有七十多人。因他秉公辦事、敢作敢為，不久又官拜侍御史，復授南頓令，卒於任上。

陳重與雷義，是東漢後期豫章郡兩位品德高尚、輕生重義、扶危濟困的名士，也是一對至交密友，「陳雷膠漆」或曰「陳雷之誼」，成為古代交友的典範。如元雜劇無名氏《鯁直張千替殺妻・楔子》便有「咱便似陳雷膠漆，你兄弟至死呵不相離」[30]的唱詞。

兩漢時代是儒學獨尊時代，亦是禮法盛行時代。在漢帝國的一統文化之下，社會生活納入規範的模式之中，在上層，文人士大夫大都以名節自勵，以忠事國，以孝事親，行為方正之士成為社會楷模；在下層亦推行教化政策，「居民以禮，風之以樂」。並令禮官勸學，目的在於「崇鄉黨之化」。漢代政府通過鄉里什伍的基層組織控制底層社會，「里共同體」是漢帝國的行政基礎。里長、三老均承擔教化之職責，自然擔任里長、三老的人本身就是民間的德行之人。漢代社會，尤其是東漢社會，官方從上

30　徐沁君校註：《新校元刊雜劇三十種》，中華書局一九八〇年版。

至下努力地推行著儒家的倫理思想，綱常名教規範成為統一社會生活的標準模式。禮教的推行的確在一定程度上引導了社會風氣，但它同時亦「隱伏一種虛驕之種子」[31]。東漢末年，隨著政治危機的加重，崇尚名節的士人與宦官集團進行了數次搏擊，但均以名士失敗而告終；黨錮之禍不僅抑制了正直士人，而且也在一定程度上助長了好名的風氣。誠如呂思勉所言：「東漢名士，看似前仆後繼，盡忠王室，實多動於好名之私，挾一忠君之念耳。」[32]又由於奉循禮教可以延攬名譽，博取官祿，所以不軌之徒以此沽名釣譽，如當時的民諺對徵辟察舉制名不副實情形多所譏諷：「舉秀才，不知書，舉孝廉，父別居，高第良將怯如雞。」在社會矛盾加劇與政治危機加深的形勢下，儒家禮教日益喪失了維繫人心的效用，真正的名士在屢遭禁錮的情形下，標榜名譽，清議時政，但被排斥於政事之外，於世事無補；即使政府任用他們，他們也因謹守儒術，專注修身而缺乏政治實踐才能，因此不能滿足人們的期望，而追名逐利之徒更是直接敗壞禮教。江西儒家學人的高尚情操，無疑是對兩漢禮法、節義文化的努力踐行與積極弘揚，在東漢後期尤具特別意義。

31 鄧子琴：《中國風俗史》第二章「魏晉風俗」，巴蜀書社一九八八年版。

32 呂思勉：《兩晉南北朝史》第一章「總論」，上海古籍出版社一九八三年版。

第三節 ▶ 社會風俗文化

《漢書・地理志》曰：「凡民函五常之性，而其剛柔緩急，音聲不同，系水土之風氣。故謂之風；好惡取捨，動靜亡常，隨君上之情慾，故謂之俗。」孔穎達疏曰：「風與俗對則小別，散則義通。」應劭《風俗通義・序》亦曰：「風者，天氣有寒暖，地形有險易，水泉有美惡，草木有剛柔也。俗者，含血之類，像之而生。故言語歌謳異聲，鼓舞動作殊形。」這種解釋用現代語言表述就是：群體生活方式的差別是風俗的基本內容，風俗是在自然與人文共同作用下形成的，因此「風俗」有自然與人文的雙重意義。[33]自二十世紀二三十年代以來，研究秦漢時期社會風俗的成果相當多，然而研究江南社會風俗的成果不多，至於專門考察江西社會風俗的成果更為少見，一般都是在相關論著中涉論之。這方面研究首推許懷林《江西史稿》中涉及秦漢時期豫章郡風俗的有關內容，雖然稍嫌簡略，但為後來的研究奠定了基礎。其次是黃今言主編《秦漢江南經濟述略》中有關經濟生活和社會風俗方面的內容，亦可作為參考。其他相關成果有時也會涉及豫章郡的風俗情況，但均論之不詳。近年來，有學者開始運用生態民俗學理論與方法，從生態與民俗關係的視角考察古代社會風俗。如陳業新的《秦漢時期北方生態與民俗文化》一文[34]專門考

33 彭衛、楊振紅：《中國風俗通史》（秦漢卷），上海文藝出版社二〇〇二年版，第3頁。

34 陳業新：《秦漢時期北方生態與民俗文化》，《社會科學輯刊》二〇〇一年第一期。

察了北方各地區生態環境與民俗文化的密切關係，但是未論及江南的生態風俗。江西地理「吳頭楚尾」，先秦以來其風俗受吳、楚文化影響至深，同時又受越國文化的影響。至秦始皇時，自秦軍兵發嶺南後，江西開始歸屬於秦朝，開始接受中原文化的影響。然秦朝短祚，至西漢初，江西才完全歸屬到漢代疆域的版圖內。西漢中期，武帝鎮壓南越國叛亂之後，中央集權開始直接管轄江西。為此，中原文化（包括國家、民間的習俗）不斷南傳，對江西社會風尚影響最大，拉開了江西風俗與中原風俗大致統一局面的序幕。到東漢時期，江西社會風俗雖不失江西本地水土之特色，但不少風習已基本趨於與中原一致。然而，作為秦漢政治統治下江西地區的風俗具體如何，史書並沒有什麼單獨記載，難以得其詳，我們只能結合江西秦漢考古發掘資料，參照荊揚地區楚、吳、越風俗推斷出江西社會風俗的大致狀況。

一　雜而多端的風俗

《史紀・貨殖列傳》記載：

「衡山、九江、江南、豫章、長沙，是南楚也，其俗大類西楚。郢之後徙壽春，亦一都會也。而合肥受南北潮，皮革、鮑、木輸會也。與閩中、干越雜俗，故南楚好辭，巧說少信」。西楚「其俗剽輕，易發怒，地薄，寡於積聚」。

「江南卑濕，丈夫早夭。……九疑、蒼梧以南至儋耳者，與江南大同俗，而楊越多焉。」（《正義》：今儋州在海中。廣州南去京七千餘里。言嶺南至儋耳之地，與江南大同俗，而楊州之南，越民多焉。）

因此，秦漢時期江西地區風俗是雜而多端的特徵，既有其獨具特色的個性一面，又有與其他南方地區風俗相似的一面。

其一，人口以山越人為主，「文身斷髮」。《呂氏春秋・恃君覽》：「揚漢之南，百越之際。」說明了江西土著人是百越居民。《淮南子・人間訓》記載：秦始皇使尉屠睢發卒五十萬征服百越，贛南地區還處於山越人統轄。

《史記・周本紀》載：「長子太伯、虞仲知古公欲立季歷以傳昌，乃二人亡如荊蠻，文身斷髮，以讓季歷。」《集解》應劭曰：「常在水中，故斷其髮，文其身，以象龍子，故不見傷害。」[35]自吳太伯、仲雍始，吳地就有「斷其髮，文其身」之習俗，是相對於中原華夏族的束髮笄冠而言。至春秋時，依然如此。如《史記・魯周公世家》載：「七年，吳王夫差強，伐齊，至繒，征百牢於魯。季康子使子貢說吳王及太宰嚭，以禮詘之。吳王曰：『我文身，不足責禮。』乃止。」又如《史記・越王句踐世家》載：「越王句踐，其先禹之苗裔，而夏後帝少康之庶子也。封於會稽，以奉守禹之祀。文身斷髮，披草萊而邑焉。後二

35 《史記》卷三一《吳太伯世家》有類似記載：「吳太伯，太伯弟仲雍，皆周太王之子，而王季歷之兄也。季歷賢，而有聖子昌，太王欲立季歷以及昌，於是太伯、仲雍二人乃奔荊蠻，文身斷髮，示不可用，以避季歷。季歷果立，是為王季，而昌為文王。太伯之奔荊蠻，自號句吳。荊蠻義之，從而歸之千餘家，立為吳太伯。」《集解》應劭曰：「常在水中，故斷其髮，文其身，以象龍子，故不見傷害。」

十餘世，至於允常。允常之時，與吳王闔廬戰而相怨伐。允常卒，子句踐立，是為越王。」由此見，春秋時期吳王、越王都是「斷髮」、「文身」，至於平民更是「文身斷髮」。在《史記・趙世家》中對「大吳之國」的習俗有較詳細的描述：「夫剪髮文身，錯臂左衽。」；《索隱》錯臂亦文身，謂以丹青錯畫其臂。孔衍作「右臂左衽」，謂右袒其臂也。甌越之民也。《索隱》劉氏云：「今珠崖、儋耳謂之甌人，是有甌越。」《正義》按：屬南越，故言甌越也。《輿地誌》云：「交阯，周時為駱越，秦時曰西甌，文身斷髮避龍。」則西甌駱又在番吾之西。南越及甌駱皆芉也。《世本》云：「越，芉姓也，與楚同祖」是也。「黑齒雕題」，《集解》劉逵曰：「以草染齒，用白作黑。」鄭玄曰：「雕文謂刻其肌，以青丹涅之。」後來由此產生了對蛇類的圖騰崇拜，使「斷髮文身」帶上神祕主義與信仰色彩。吳震方《嶺南雜記》上載：「潮州有蛇神，其像冠冕南面，尊曰游天大帝。龕中皆蛇也，欲見之，廟祝必致辭而後出，盤旋鼎俎間，或倒懸樑椽上，或以竹竿承之，蜿蜒糾結，不布人亦不螫人，長三尺許，蒼翠可愛。」

這種習俗，主要在春秋至西漢中期一直延續。武帝以後，似乎史書記載便少，可能是在國家禮儀文化的影響下，這種受儒家文化「歧視」的習俗逐漸消失了，轉而接受了儒家文化要求下的習俗。不過，直到三國時期，東吳控制下的江西山區仍然有不少山越族保持這種風俗。

其二，地勢卑濕，多疾疫，「丈夫早夭」。《史紀・貨殖列傳》《漢書・地理志》記載：「江南卑濕，丈夫早夭。」《史記・屈原賈生列傳》載：漢初，賈誼為長沙王太傅，「賈生既率往行，聞長沙卑濕，自以壽不得長」。武帝時，嚴助說：越族居住地區「林中多蝮蛇猛獸，夏月暑時，歐泄霍亂之病相隨屬也」[36]。唐孫思邈《備急千金要方》的《養性序》說：「是以關中土地，俗好儉嗇，廚膳肴饈，不過菹醬而已，其人少病而壽；江南嶺表，其處饒足，海陸鮭肴，無所不備，土俗多疾而人早夭。北方仕子游官至彼，遇其豐贍，以為福祐所臻，是以尊卑長幼恣口食啖，夜長醉飽，四體熱悶，赤露眠臥，宿食不消。未逾期月，大小皆病。或患霍亂、腳氣、脹滿，或寒熱瘧痢、惡核丁腫，或癰疽痔漏，或偏風猥退，不知醫療，以致於死。凡如此者比肩皆是，惟云不習水土，都不知病之所由。靜言思之，可謂太息者也，學者先需識此以自戒慎。」孫思邈就正確解釋了江南地區「土俗多疾而人早夭」的現象，並不完全是水土不服，而是北方人到南方後「恣口食啖」所致病，又不知醫療的情況下死亡。

其三，山區長期處於「刀耕火耨」的原始耕作狀況，東漢時期個別平原地區亦出現了先進的牛耕方式。《山海經・海內經》：「南方有贛巨人，人面長臂，黑身有毛，反踵，見人笑亦笑，脣蔽其面，因即逃也。」晉朝郭璞在《山海經》注說：「今交州南康郡深山中皆有此物也。長丈許，腳跟反向，健走、被發、好笑，雌者能作汁，灑中人即病，土俗呼為山都。南康今有贛水，以有此人，因以名水。」郭璞指出了贛巨人的活動具體地點，指

36 《漢書》卷六四上《嚴助傳》。

出贛水名稱的由來。贛南的贛巨人傳說，恰是反映了當時贛南處於蠻荒時代。《太平寰宇記・贛縣》引顧野王《輿地誌》：虔州「木客」，「形似人，乃鬼類也。語亦如人，……能砍杉枋，聚於高峻之上，與人交易，以木易人刀、斧」。實際上，進一步反映了贛南原始的落後生產方式。

據史書記載：「楚有江漢川澤山林之饒；江南地廣，或火耕水耨。」[37]「江南火耕水耨」[38]，《集解》應劭曰：「燒草，下水種稻，草與稻並生，高七八寸，因悉芟去，復下水灌之，草死，獨稻長，所謂火耕水耨也。」關於江南地區「火耕水耨」的範圍、程度、時限等一直有些爭議，從江西自然地理狀況來看，「火耕水耨」方式主要在江西山區的冷漿水地進行，因為這種農田一年四季是泉水不斷、土壤鬆軟，有冷泉水冒出的周圍數平方米內土壤稀鬆，易水草，人畜踏上易陷入下去，淺則五六十公分左右，深則近一米五六左右，若超過了這個深度，一般這塊土地就是荒地了，無人敢耕種，因為人畜不敢近此處，無法種收農作物。

西漢時期，中原地區的先進耕作方式逐漸南傳，江西地區也逐漸掌握了牛耕技術發展農業生產。時人認為：「牛乃耕農之本，百姓所仰，為用最大，國家之為強弱也。」[39]今有研究者提

37 《漢書》卷二八下《地理志》。
38 《史記》卷三〇《平準書》。
39 〔漢〕應劭：《風俗通義・佚文》。

出在西漢初年呂后時期江西地區可能掌握了牛耕技術。[40]其實，西漢中期武帝開始大規模推廣牛耕與代田法，西漢末期牛耕技術才開始向江南地區傳播，至東漢末期，江西農人已經基本掌握了牛耕技術，大大地提高了江西地區農作物的產量。據考古發現，寧都縣東漢墓出土了馬拉車、牛拉車、牧牛的畫像磚。此外，還在贛江沿線發掘出大量的鐵農具，也有不少的犁具等，說明江西地區的農業生產力發展至東漢時期已有較大的提高。

其四，民眾主要過著「飯稻羹魚」式的自然經濟的生活。《史紀・貨殖列傳》記載：「楚伐之地，地廣人希，飯稻羹魚，或火耕而水耨，果隋蠃蛤，不待賈而足，地勢饒食，無饑饉之患，以故呰窳偷生，無積聚而多貧。是故江、淮以南，無凍餓之人，亦無千金之家。」《漢書・地理志》亦載：「楚有江漢川澤山林之饒。江南地廣，或火耕火耨。民食魚稻，以漁獵山伐為業，果蓏蠃蛤，食物常足。故呰窳媮生，而亡積聚，飲食還給，不憂凍餓，亦亡千金之家。」當然，說江西人「飯稻羹魚」，並不是僅以稻、魚為食，其實，秦漢時期江西人的食物已較為豐富。僅以肉食為例，除各色魚、蝦之類的水產外，還有馬、牛、養、豬、狗、雞、鴨等。一九八三年在湖口縣文橋鄉象山張村山坡發現的東漢墓葬中，發掘出土了陶馬、陶牛、陶狗、陶羊、陶

40 陳文華、陳榮華主編：《江西通史》，江西人民出版社一九九九年版，第109-110頁。

豬、陶雞、陶鴨等物品，[41]就是很好的說明。此外，江西地區山地眾多，自然生態良好，民眾還可獲取大量的虎、鹿、野豬、野兔之類的野生動物作為肉食。

越族人多半居住山中，無有城邑裡。《淮南子・人間訓》載秦始皇征戰百越時，「越人皆入叢薄中，與禽獸處，莫肯為秦虜」。《漢書・嚴助傳》載淮南王劉安說：「臣聞越非有城邑裡也，處溪谷之間，篁竹之中。」說明了越族的居住習俗在山林之中生活。對於大部分居於平原、丘陵地帶的江西民眾來說，雖然不見建築起「井干增梁，雕文檻楯」、「雕修繕飾，窮極巧使」之類的豪華房宅[42]，人們居住狀況較先秦有較大改觀。已開始建築簡樸、實用的房室作為居所，所用的材料一般是竹木、茅草，較為先進的磚瓦房尚未普及。如《後漢書・鐘離意傳》注引《東觀記》曰：「意在堂邑（今江蘇六合縣北），為政愛利。初到縣，市無屋。意出俸錢，帥人作屋。人齊茅竹，或持林木，爭起趨作，浹日而成。」史料反映的長江中下游的情形，江西地區當大致如是。與五口之家或八口之家的小家庭人口結構相應，秦漢民宅的基本形制是一堂二室。《雲夢睡虎地秦簡・封診式・封守》記載了一個被查封家產的士伍的房屋即為「一宇二內，各有戶」。《漢書・晁錯傳》亦云：「營邑立域，制裡割宅，返田作之道，正阡陌之界，先為築室，家有一堂二內門戶之閉，置器物

41 楊赤宇：《湖口縣象山東漢紀年墓》，《南方文物》一九八六年第一期。
42 史料分別見《漢書・楊震傳》、《鹽鐵論・散不足論》。

焉。」此外，秦漢民眾注重對居室環境的選擇，普遍講究風水禁忌，植樹綠化。迄今為止，雖不見有關反映秦漢江西房屋方面的文獻考古資料，但推測事實亦當大致如是。

秦漢時期的服裝原料主要包括絲帛、麻布、葛布和動物皮毛，此外，棉布也初步進入了生活領域。就全國而言，秦漢時期的絲織業在先秦的基礎上又有了長足的進步。種植桑麻、養蠶織績是當時農民家庭副業不可或缺的內容。朝廷不僅把勸課農桑作為一項基本國策，而且還將它作為考量地方官員政績的一個重要指標。《四民月令》「三月」條將「治蠶室」、「乃同女子，以勲其事」視為一個家庭每年三月的重要工作。然《淮南子・原道訓》稱江南吳越之地，「生葛絺」。受地域物種生長與經濟開發的影響，秦漢時期江西當大致如同荊楚、吳越之地，主要種植麻、葛。據《後漢書・衛颯傳》載：「南陽茨充代颯為桂陽。亦善其政，教民種植桑柘麻紵之屬」。注引《東觀記》曰：「元和中，荊州刺史上言：臣行部入長沙界，觀者皆徒跣。臣問御佐曰：『人無履亦苦之否？』御佐對曰：『十二月盛寒時並多剖裂血出，燃火燎之，春溫或膿潰。建武中，桂陽守茨充教人種桑蠶，人得其利，至今江南頗知桑蠶織履，皆充之化也。』」湖南長沙與江西南昌是近鄰，若是長沙在東漢建武期間仍不知桑蠶紡織之事，那麼江西接壤湖南的那些地區更不知紡織之業，從側面說明了此時江西人亦無穿履習俗，主要原因是不知桑蠶紡織之技術。此後，皆賴茨充之教化功效，人「頗知桑蠶織履」。

秦漢時的服裝以保暖、蔽形和裝飾為中心，實用性、身分性和審美性並重，主要由領、襟、袖、衽、裾等部件組成。服裝可分為外衣、中衣、內衣和下裳（裙）。外衣包括全身袍式服裝和長至膝蓋的短外衣。秦漢全身性袍式服裝均從深衣發展而來，深衣流行於戰國，是衣、裳相連，以衽交掩，衽置於身後左側。深衣根據身分把領、袖緣以不同顏色的絲邊，表現出等級性，秦漢時期的服飾顏色主要以黑、白為基調。秦漢時期各式的全身性服裝沿襲了深衣的基本特徵，為當時最為重要的服制，是社會上層人士和正式場合的典型服裝。[43]史籍中反映江西服裝的資料往往只有片言隻字，如《方言》卷四稱：「江、淮、南楚之間謂襟，關之東西謂之禪衣。」所謂「褋」或「禪衣」，就是夏季穿的沒有襯裡的寬衣博袖式的袍式服裝，多以輕薄的衣料製成。據《續漢書・輿服志下》，褋衣在漢代服裝中的地位很高，是百官上朝時穿的朝衣。這或反映出江西的服裝形制與全國其他地區大同小異的情形。

其五，民風由「急進」「巧說少信」轉向敬慕文化節義。秦漢長江流域楚越一帶，風俗急進、尚武力。對此《史記》記載頗詳。如《史記・吳王濞傳》曰：劉邦「患吳、會稽輕悍」。《史記・淮南衡山列傳》曰：「荊楚慓勇輕悍。」《史記・大史公自序》謂「越荊剽輕」，又有「剽楚庶民」的說法。《史記・貨殖列傳》說：豫章地屬南楚，「其俗大類西楚」，而西楚「其俗剽輕。」另外，《史記・屈原賈生列傳》晁錯說，「揚粵之地少陰多陽，

43 彭衛、楊振紅：《中國風俗通史》（秦漢卷），上海文藝出版社二〇〇二年版，第112頁。

其人疏理」。《漢書・嚴助傳》載淮南王劉安說：「越人愚戇輕薄，負約反覆。」據《史記・貨殖列傳》，豫章「與閩中、干越雜俗，故南楚好辭，巧說少信」。由此可見，在當時中原人眼裡，深受楚越等南方文化影響的江西民眾，不僅剽悍、輕薄，且不守信義。但是，隨著經濟文化的不斷發展與進步，東漢時期江西地區的民風當已發生較大變化。前述徐稚、黃向、陳重、雷義等人的節義行為就是典型的說明。

二　婚嫁喪葬習俗

婚嫁、喪葬是人生大事，也是探討與說明秦漢江西風俗不可或缺的內容。然而，關於秦漢江西地區的這方面習俗，史書記錄闕如。我們也只能從秦漢時期的整體情形以及儘可能利用文獻考古資料推測。

先秦時期，婚姻程序必須依納采、問名、納吉、納徵、請期、親迎等「六禮」而行，《藝文類聚》卷四〇引鄭眾《婚禮謁文》曰：「納采，始相與言語，採擇可否之時；問名，謂問女名，將歸上（卜）之也；納吉，謂歸卜吉，往告之也；納徵，用束帛，征成也；請期，謂吉日將親迎，謂成禮也。」但這只是理想的婚姻程序，加之全國政治、經濟、文化水準相差很大，國家控制力量有限，難以普遍推廣實行。秦漢時期，政府通過行政手段，使先秦時代散見於各書的婚姻道德思想得到整理，混亂的婚姻現象得到控制，各地的婚俗更加趨同一致。[44]秦漢時期的結婚禮俗雖基本承繼了古之「六禮」，但由於六禮過於程序化和繁瑣，普通百姓大多不拘泥於六禮，操辦婚事更加實際。上層社會的婚禮儀式雖然十分隆重，但也出現了一些新的變化。婚禮隆重喜慶，但也追求奢靡而鋪張浪費，婚禮之費成為時人不小的支出。對於不大重積蓄、少「千金之家」的江西民眾來說，尤其是沉重的經濟負擔。此外，婚姻重親（親上加親）、一夫多妻者普遍、婚嫁尚早、離婚與再嫁自由、婚禮舉樂也是秦漢婚俗的重要特徵，這些特徵，在江西地區當或多或少地亦有所表現。另外，秦漢時期男女交往相對自由、性觀念相對開通，秦漢人選擇配偶的標準很多，或以門第、或以容貌、或以才德、或以卜相。其中門第觀念在當時人的擇偶意識中占有舉足輕重的地位，門當戶對的觀念盛行。[45]秦漢時期自然經濟的封閉特徵以及交通的落後，使得人們的選擇配偶的範圍大多侷限在狹小的地域圈之內。農業人口以及平民大多在同鄉、同縣選擇婚姻對象，最遠不過到鄰縣尋找，距離大都在百里之內。[46]這一時期，處於自然經濟狀態之下的江西民眾的婚姻圈也大致如是。

秦漢喪葬之禮儀，大體繼承古制又有所發展，一般依循先秦

44 徐舜傑主編：《漢族風俗史》（第二卷），學林出版社二〇〇四年版，第156頁。

45 彭衛、楊振紅：《中國風俗通史》（秦漢卷），上海文藝出版社二〇〇二年版，第314頁。

46 彭衛、楊振紅：《中國風俗通史》（秦漢卷），上海文藝出版社二〇〇二年版，第322頁。

的「事死如事生」的喪葬觀念。對死者的裝殮、埋葬、墳墓修建、祭祀活動等，形成了一套較之於先秦更為隆重而複雜的禮儀制度和習俗。據楊樹達《漢代婚喪禮俗考》所述，漢代的喪葬禮儀大致可分為三個階段：一是葬前之禮。這一階段包括招魂、沐浴飯含、大小斂、哭喪停屍等項內容；第二階段為葬禮，包括告別祭典、送葬、下棺三個環節；三是葬後服喪之禮。江西地區的喪葬禮儀，由於資料缺乏，今不可知。但從秦漢全國風俗逐漸混同，上述江西喪葬習俗以及上引徐孺子之類的人物為他人奔喪的情形，推測江西地區也大體如是。另外，古越族有二次葬習俗，即遷葬，或者稱洗骨葬。如《墨子・節葬下》所說的「楚之南，有啖人國者，其親戚死，朽其肉而棄之，然後埋其骨」。秦漢時期，江西地區越族人口不少，這一葬俗仍然流行。

漢以前的墓，不論大小深淺，都是由地面一直往下掘，稱為「豎穴」。「西漢中期，在黃河流域開始流行在地下橫掏土洞，作為墓壙，稱為『橫穴』。西漢時，主要是在中原地區，盛行用龐大的空心磚堆砌墓室。到了東漢，無論是在中原還是在南方和北方的邊遠地區，都普遍用小型磚來券築墓室。從西漢末年開始，還流行石墓室。此外，從西漢到東漢，在有些地區，還有一種『崖墓』，其墓壙亦屬橫穴式。總起來說，用橫穴式的洞穴作墓壙，用磚和石料構築墓室，是漢墓與漢以前的墓在形制和構造上的主要區別，其特點在於模仿現實生活中的房屋。」[47]江西地區

47 王仲殊：《漢代考古學概説》，中華書局一九八四年版，第85頁。

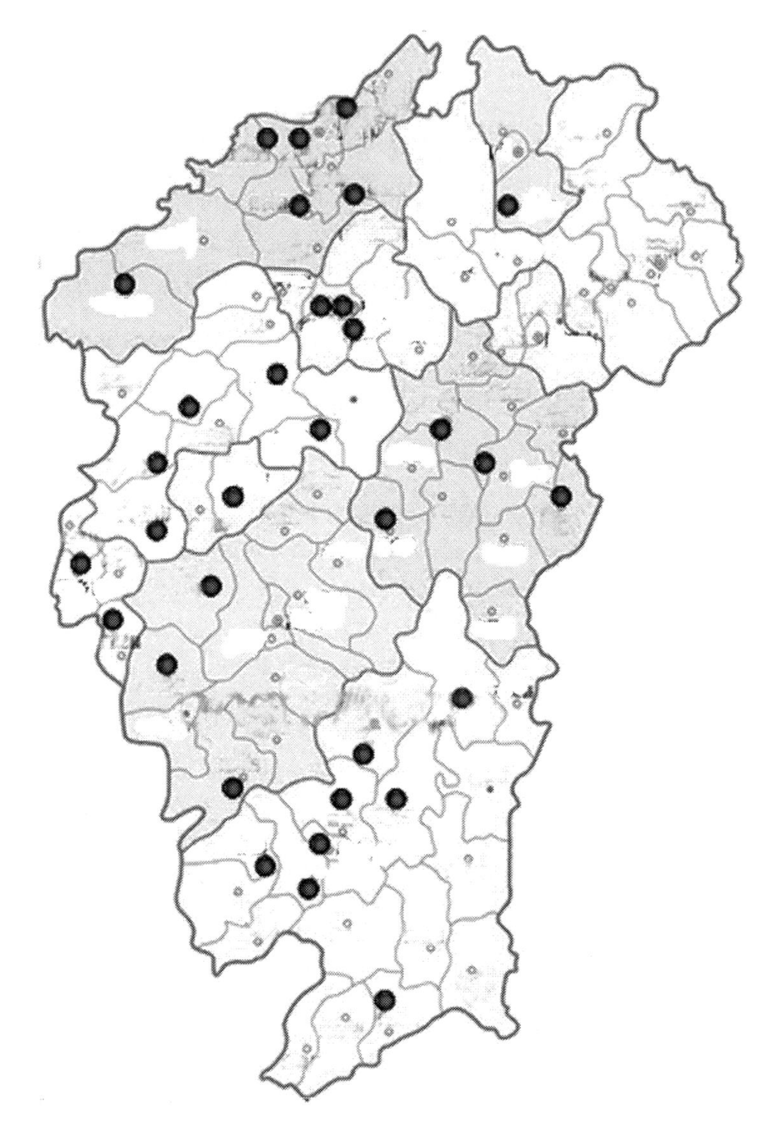

圖 5-3　江西考古發現的漢代墓葬分布示意圖

的喪葬之風大致符合這一歷史情形。「東漢墓散及江西全境，贛南山區至今已有十幾個縣市發現東漢墓。墓葬多為券拱磚室墓，大的有前、中、後三室，平面呈十字形，也有中小型的長方形磚砌成單層或雙層的券頂墓室平面的長方形。」[48]據楊東晨研究認為，「南昌、高安、南康、宜春等地發掘的西漢墓，分為有墓道的土坑豎穴墓、長方形土坑豎穴墓兩種，出現極少的木棺槨墓，形制多模仿中原西漢墓」[49]。

漢代江西的喪葬習俗，受中原文化影響較深，亦多為相似。例如，一九八〇年贛州博物館於贛州市郊區蟠龍公社武陵大隊獅子嶺發現一座畫像磚墓，出土的兩幅畫像磚為人物活動像：一幅畫像的中心人物為一著寬帽端莊坐像，似墓主人形象。像前置一木幾，右近側上方有一匍匐在地的著帽像，下方停立一隻朱雀鳥；左側近旁有一跪地執扇的女像，當為墓主侍女，女旁立一佩劍著帽像；左右兩邊各站立一個武士像，或佩劍或手執棨戟。畫像上部飾有連續三角紋類似帳幔。一幅畫像是兩個腰佩刀劍的騎馬著帽像，朝同一方向作行進狀，前面有一佩刀荷戟的武士開路，後面有一佩刀像隨行。[50]值得注意的是，其畫像內容見於山

48 江西省博物館、江西省文物考古研究所：《十年來江西的考古發現與研究》，《文物考古工作十年（1979-1989）》，文物出版社一九九一年版。

49 楊東晨：《論秦漢時期江西地區的民族與文化》，《上饒師範學院學報》二〇〇一年第一期。

50 薛翹、張嗣介《贛州發現漢代畫像磚墓》，《江西歷史文物》一九八一年第三期。

東漢墓和山東肥城東漢章帝建初八年畫像石墓；[51]騎馬畫像作風與甘肅威雷台東漢墓的乘騎銅俑相似。[52]墓中出土的陶罐除有南昌地區東漢墓常見樣式外，也有與湖南湘鄉可心亭西漢墓出土陶罐相似的。其他器物如鐵劍、鐵刀和鐵馬釘為洛陽燒溝漢墓所出；變形螭紋銅鏡在洛陽燒溝漢墓中屬於西漢晚期至王莽及其稍後，而這種銅鏡還見於江蘇鹽城三羊墩西漢至東漢早期墓。同時，這些隨葬品均是實用器皿，它是我省南昌青雲譜東漢前期墓葬的特徵。[53]「在清江、宜豐、永新等地還發現一批東漢畫像磚墓，尤其在贛南地區，如贛州、上猶、於都、瑞金、興國等地都發現了車馬紋磚墓。一九八〇年在贛州市南郊清理的畫像磚墓，畫像磚描繪墓主飲宴和馬隊出巡的場景。從出行圖有兩武士隨從來看，墓主可能是東漢前期食祿四百石或三百石的贛縣縣令一級官員」[54]。「畫像磚墓與河南省南陽等地的同類畫像磚墓風格相同」[55]。

秦漢時期，人們的祖先崇拜和鬼神觀念根深柢固，相信人死以後靈魂不滅，還會在另一個世界裡繼續生活，即《論衡・薄葬

51 王子云：《中國古代石刻畫像集》，中國古典藝術出版社；王思禮：《山東肥城漢畫像石墓調查》，《文物參考資料》，一九五八年第四期。

52 甘博文：《甘肅武威雷台東漢墓清理簡報》，《文物》一九七二年第二期。

53 江西省文管會：《江西南昌青雲譜漢墓》，《考古》一九六〇年第十期。

54 江西省博物館、江西省文物考古研究所：《十年來江西的考古發現與研究》，《文物考古工作十年（1979-1989）》，文物出版社一九九一年。

55 楊東晨：《論秦漢時期江西地區的民族與文化》，《上饒師範學院學報》二〇〇一年第一期。

篇》所說的「謂死如生」。所以厚葬成為這一時期喪葬習俗中最顯著的特色。厚葬的出發點，一方面是在墓室的形制和結構上模仿現實生活中的房屋，另一方面在隨葬品方面也盡量做到應有盡有，凡是生人所用的器具、物品，無不可以納入墓中。《鹽鐵論・散不足》所謂「厚資多藏，器用如生人」，也說明了這一事實。[56]或是受江西比較落後的經濟狀態的影響，相對中原、山東地區墓葬而言，江西的漢墓隨葬品是相當少的，主要是陶器、石器、鐵器、小件銅器等普通的生產生活用品或其模型，而且製作粗糙，諸如金器、銀器、大型銅器等貴重器物幾乎沒有。例如：一九七三年南昌市老福山發掘的西漢墓中，遺物十餘件，有銅戈、銅提壺、石鼎、陶壺、陶甕等。在南昌市郊區京山、招賢、塘山等地先後發現了四座東漢墓，其中京山墓葬中出土器物有：銅鏡一面，銅豆一件，銅刀一件、五銖錢數枚、陶盤一件。招賢墓葬中出土了鐵斧一件、鐵矛一件、陶壺一件、陶罐一件、鐵釜三足架一件。塘山墓葬中出土了金戒指四件、鐵劍一件、銅帶勾二件、銅鏡二面、銅盉一件、銅提梁壺一件、陶灶一件、銅罐一件、陶罐五件、五銖銅錢二十枚；此外還出土有殘破的鐵刀二件、銅洗一件、銅盤一件、陶案一件和一些銅器、綠釉陶器及青瓷器的碎片，均因殘缺而難以復原。塘山四號墓葬出土器物有銅虎子一件、銅鏡一面、銅錢數枚、銅帶勾、黛硯各一件（已殘

56 徐傑舜主編，周耀明、萬建中、陳華文著：《漢族風俗史》（第二卷），學林出版社二〇〇四年版，第 170 頁。

破）。前三座墓室均為磚徹，塘山四號墓明顯是土坑豎穴墓葬，塘山三號墓葬則出土了四枚金戒指，是江西漢墓中少有的現象。[57]一九八三年在湖口縣文橋鄉象山張村山坡發現的東漢墓葬中，發掘出土了陶馬、陶牛、陶狗、陶羊、陶豬、陶雞、陶鴨、陶杯、陶壺、陶盆、陶井、青灰瓷鉢、青灰瓷缸、陶倉、陶盞等。[58]在都昌縣漢墓中，「從已破壞的漢墓中發現有少數隨葬品，主要是陶器，兼有少量的銅器。如周溪灑山大鋪岔墓出土有陶碗二隻，銅劍一把，黃湖張七房村墓中發現銅劍一把，銅鏡一面，陶罐一隻，但大多數墓中未發現或很少有隨葬品。」[59]二〇〇二年在安福縣楓田鎮車田村發現的東漢末年墓葬，其主人身分可能是官吏或者富人，隨葬器物不多，保存完整，有銅鏡、銅帶鉤、銅印章、琉璃鼻塞、素面磨光石牌、雙唇印紋硬陶罐、殘鐵刀環首、五銖錢、軟陶蓋等。[60]

從以上墓葬考古發掘來看，漢代江西的喪葬習俗主要倣傚中原文化，有追求厚葬的意味。但隨葬品少且不貴重，不見像河南、河北、山東的大型厚葬墓葬，的確反映了司馬遷、班固所說的江南（江西）地區「無千金之家」的事實。

---

57 唐山、志凡：《南昌地區的四座東漢墓》，《江西歷史文物》一九八一年第二期。

58 楊赤宇：《湖口縣象山東漢紀年墓》，《南方文物》一九八六年第一期。

59 王友松：《都昌縣的漢墓》，《南方文物》，一九八六年第二期。

60 安福縣文化局：《江西安福楓田清理東漢墓》，《南方文物》二〇〇四年第一期。

三　歲時節令之俗

春秋戰國時代，華夏諸族的曆法處於草創時期，各地曆法制度不一，故末有統一的歲時節令，也沒有統一的節日。秦漢時期隨著大一統局面的形成，天文曆法知識的不斷進步，節日文化日漸形成。秦王朝實行顓頊曆，行用夏正，以十月為歲首，歲終置閏。漢武帝太初元年（前 104 年），朝廷改定新曆，施行以正月為歲首的太初曆，並將此時已臻完備的二十四節氣訂入曆法，以沒有中氣的月份為閏月，使月份與季節配合得更合理，中國傳統的陰陽合歷亦即農曆至此基本形成，這對節令的形成產生了深遠的影響。不僅以正月為農曆歲首從此固定下來，一直延續至今，而且二十四節氣也因其在農時中的重要地位而成為許多傳統節日的基礎。《漢書・天文志》說：「凡候歲美惡，謹候歲始。歲始或冬至日，產氣始萌。臘明日，人眾卒歲，壹會飲食，發陽氣，故曰初歲。正月旦，王者歲首；立春，四時之始也。四始者，候之日。」秦漢時期，歲時節令體系在長江流域已基本形成，元日、立春、社日、上巳、夏至、伏日、冬至、臘日等，都在長江流域流行並興起了一系列相應的節俗活動。[61]

元日，又稱元旦、正旦、正日、朔旦等。秦朝以十月為正，漢王朝建立後曾沿襲秦制，亦以十月為歲首，故這一時期以十月初一為正旦。漢武帝太初曆頒布後，以夏曆（農曆）正月初一為

61　夏日新：《長江流域的歲時節令》，湖北教育出版社二〇〇四年版，第一頁

「歲首」，並一直沿襲至今。漢代人對這個標誌著新年伊始的節日極為重視，舉國上下都要在這一天舉行各種隆重儀式進行慶賀。《續漢書・禮儀志中》云：「百官賀正月旦，二千石以上上殿，稱萬歲，舉觴御坐前，司空奉羹，大司農奉飯，奏食舉之樂。」民間的正旦活動也極為莊重、豐富。漢崔寔《四民月令》正月條描述：作為一家之長的男主人在這一天要帶領全家老小，祭祀祖先。為了迎接這一天，他們很早就開始了準備工作。每年十月上辛日要為正旦的祭祀活動釀造新酒。正旦前三日，家長和負責祭祀活動的執事，要整潔身心，向先人表示虔誠和尊敬之情，正旦到來，家長和執事要先獻上好酒以享祖先，期待祖先神靈降臨，保佑一家人一年平安，事事如意。祭禮結束後，便開始舉行豐盛的宴會。几案設在祖先的神位前，家中無論尊卑大小，依次而坐，以「年少者為先」的順序，依次向家長敬奉椒柏酒，舉觴祝福家長長壽。飲食往往帶有巫術的意味，如飲桃湯、喝椒柏酒，都含闢邪祈福之意。宴會結束後，人們開始走親訪友，「謁賀君、師、故將、宗人、父兄、父友、友、親、鄉黨耆老」，向他們恭賀新年，表達良好的祝願和問候。此外，東漢時，元日已有燃爆竹、貼門飾等以為闢邪驅疫的習俗。《太平御覽》卷二九「元日」條引東漢緯書《易通卦驗》載：「正月五更，人整衣冠，於家庭中爆竹，帖畫雞子，或鏤五色土於戶上，壓不祥也。」

元宵節，又稱正月十五、上元節、元夕節等。漢代元宵節自漢武帝以來即成為重要節日，有游夜、放燈之俗。

立春作為節氣在春秋時期已出現，戰國時期，立春成為二十四節氣之首，並漸成為舉國同慶的盛大節日。西漢時期，受儒家經典的影響，立春日已有天子親耕、懸青幡、策土牛等習俗，漢武帝時，有立春之後不得行刑的規定。《漢書》卷八五《谷永傳》載谷永給成帝上疏說：「立春，遣使者循行風俗，宣布聖德，存恤孤寡，問民所苦，勞二千石，敕勸耕桑，毋奪農時，以慰綏元元之心，防塞大奸之隙。」表明當時立春已不僅僅是一個節氣，而是一個特別重要的節日了。立春之日，從中央到地方都要舉行迎春禮。如《續漢書・祭祀志中》記，東漢朝廷立春日有迎氣的儀式，「車旗服飾皆青，歌《青陽》八修舞《雲翹》之舞」，地方上則實行迎春儀禮，官吏「皆服青幘，立青幡」，並把土做的牛和耕人置於城門外，以此儀式告訴百姓已到了立春的時節，應作春耕的準備。

社日是古代祭祀土地神的節日。社就是人們祭祀土地神的地方。《太平廣記》卷三〇「時序部」引《孝經緯》載：「社，土地之主也，土地闊，不可盡祭，故封土為社以報功也。」社分二月春社和八月秋社，春社祈求風調雨順、五穀豐登，秋社答謝社稷神所降福祥。自周代以來，社日已成為全國性節日。春秋戰國時期，南方楚國已有了祭社的活動。《墨子・明鬼》篇載：「燕之有祖，當齊之社稷，宋之有桑林，楚之有雲夢也，此男女之所屬而觀也。」墨子將楚國的「雲夢」與齊之「社稷」相提並論，二者自是同一祭祀。秦漢時期，社日仍是官府與民間的重要祭祀節日。《史記・封禪書》載漢高祖劉邦奪取政權後，很快就令「縣為公社」，後又令「縣常以春二月及臘祠社稷，以羊豕，民里社各自財以祠」。又據《續漢書・祭祀下》，社祭到東漢時又進一步明確規定：「郡縣置社稷，太守、令、長侍祠，牲用羊豕。唯州所治有社無稷，以其使官。」將社稷的設置和祭祀禮儀制度化。這些官府的公社和民間的私社，自然也包括江西地區在內的州郡縣。社日的主要活動是以地域和行政的社會區組織鄉、裡為單位舉行的，不同家庭的男女老少以某一大樹為中心聚會在一起，奏樂歌舞、宴飲，熱鬧歡快，適齡的未婚男女亦趁機選擇婚姻對象。

三月上巳日，即農曆三月的第一個巳日，原是先秦以來舉行的一種水邊祓禊活動的日子，至秦漢時期已正式成為一個重要節日。《史記集解》引徐廣曰：「三月上巳，臨水祓除，謂之禊。」祓禊是人們到河邊用浸泡了香草的水沐浴，洗去積穢，祓除疾病和不祥的儀式。《漢書・禮儀志》曰：「三月上巳，官民皆絜（潔）於東流水上，曰洗濯祓除、去宿垢疢，為大絜（潔）。」漢代的上巳日沿襲了先秦的性愛節日習俗，此日祓除的疾病，主要是不育之症。人們往往於是日在水邊大肆淫樂，以求生育。不過，隨著時間的推移，到東漢時期，在漢族的大部分地區，三月上巳日祓除不祥與男女淫樂之俗就漸漸為春遊所取代。

五月五日是先秦、秦漢人的忌日，也是防病和祀迎神靈的日子。先秦時期長江流域就有五月五日沐浴蘭湯以避疫的習俗。《初學記》卷五「五月五日」條引《大戴禮》曰：「五月五日，蓄蘭為沐浴。」該條又引《楚辭》有「浴蘭湯兮沐芳蕙」句。五月正是採藥蓄藥的月份，先秦以來即有採藥之俗。《初學記》卷四「五月五日」條引《夏小正》載：「此月蓄藥，以蠲除毒氣。」漢代，五月五日成為採藥的象徵日。《四民月令》載：「是月（五月）五日，可作醢，合止利黃連丸、霍亂丸，采蔥耳，取蟾諸，可合創藥及東行螻蛄。」長江流域燥濕，易滋生疾病，五月在俗信中屬「惡月」，五月採藥蓄藥之風尤盛。至晚在東漢時期，五月五日民俗已有系長命縷避疫、並開始與屈原聯繫在一起。《藝文類聚》卷四引應劭《風俗通義》：「五月五日以五彩絲系臂者，避兵及鬼，令人不病瘟，亦因屈原。」另外，此日流行朱索桃印作門飾以避邪疫。漢代五月五日之習俗為魏晉以後端午節的形成奠定了基礎。

受陰陽五行學說的影響，秦漢人普遍認為，夏至是陰陽相爭的日子，因此這一天要有相慶祝的舉措，遂成為節日。官府停止公事休假，民間祭祖。《四民月令》載：「夏至之日，薦麥、魚於祖祢，祠。」夏至一般都在五月，而五月又被視為惡月，秦漢時期沿古俗以桃印飾門，以鎮邪惡。《後漢書・禮儀志》載：「（夏至日）以桃印長六寸，方三寸，三色書文如法，以施門戶，代以所尚為飾。」民間亦流行繫長命縷。

伏日也是秦漢民眾注重的日子。伏日鬼行的觀念在秦漢之際或已出現，並成為祭祀鬼神活動的依據。《四民月令》「六月」條記，初伏要舉行隆重的祭祖儀式，閉門飲宴。

八月節。《四民月令》「八月」條載，八月來臨，家中以蓍草筮白露節後良日（即秋分日），祭祀一年之中「常所奉尊神」。全家無論老少，都要整潔身心，打掃房屋，按照祠簿進行祭祀。先秦以來，月亮神話流行於長江流域，現存最早記載月亮神話的就是屈原的《楚辭・天問》，漢代秋分祭祀的一個重要儀式就是祭月。這個節日或是後代中秋節的濫觴。

農曆九月九日重陽節在漢代已發育成熟為一個固定的節日。漢代重陽節的習俗主要有佩茱萸、飲菊花酒和登高，以驅疫避邪。

冬至自先秦以來就是重要節日。《史記・天官書》將冬至看作一年的四始（冬至、初歲、正月旦、立春日）之一，冬至是陽氣萌生的日子。東漢蔡邕《獨斷》曰：「冬至，陽氣起，君道長，故賀。」秦漢時期冬至日已成為隆重莊嚴的節日，朝廷官府冬至前後要休假五天，舉行歡慶宴會。為了迎冬至，民間十月上辛日家中要釀造用於冬至節日的冬酒。舉行家宴，子孫向尊長敬酒。家宴結束後，要和正旦一樣謁賀君、師、耆老。至東漢末年，出現了冬至日向尊長敬獻襪履的習俗，以寓踐新迎福之意。此外，因冬至「陰陽爭，血氣散」，因此在冬至前後各五天，夫妻「寢別內外」。冬至日特別的活動有祭水神玄冥、量日影、占卜等。

臘日起源於我國古代早期的感謝百神、祖先的祭祀節日。秦漢人極為重視臘日，類同正旦。臘日全家團聚要舉行大規模的驅鬼避疫（「儺」）和祭祖禮神儀式。《四民月令》「十二月」條載：「是月也，群神頻行，大蜡禮興，乃冢嗣君師九族友朋，以崇慎終不背之義。」祭祀結束後，舉行豐盛的宴會。宴會上晚輩要向長者敬酒祝賀。家宴結束後，拜賀君、師、耆老。

秦漢是典型的農業經濟時代，歲令節日自然具有濃厚的農業文化色彩，祈求風調雨順、五穀豐登、尊老愛幼等自是重要內容。這一時代，「陰陽五行」「五德始終」說廣泛流行，方術、巫風昌盛。這種濃重的迷信色彩必然滲透到與民眾生活密切相關的歲時節令之中。因此，喜慶祝福和闢邪除怪也必然成為當時年節的兩大基本內容。秦漢是中國歲時節令的初步形成與發展的重要階段，奠定了中國傳統節日的基礎。秦漢是中國首次實現大一統的時代，因此歲時節令一方面融合全國各地時令節日文化，另一方面各地又往往保留著自己的時令節日文化特色。這些歲時節令通行全國，流行於長江流域，[62]江西地區亦當如是。某些節日，如除夕（除日）在秦漢時期尚未成為主流節日，筆者不予敘述；又如寒食節，南方（江西）地區尚不流行，因此筆者就不予敘述說明。

第四節 ▶ 巫鬼崇拜與佛道信仰

秦漢沿襲先秦的信仰活動，並使之更為系統化、規範化。官方的宗法宗教、陰陽五行說、讖緯迷信、符命災異、神仙方術，以及流行於底層社會的民間道教和開始進入中原地區的佛教等構成了秦漢時期漢族社會新的信仰體系。[63]秦漢時期的江西立足本區，融會中原、荊楚、吳越等地文化，形成了具有濃郁地域特色的新型文化，不僅巫鬼崇拜盛行，而且道、佛宗教信仰初步形成。江西成為中國儒、釋、道最早融會、興盛的地區之一。

62 夏日新：《長江流域的歲時節令》，湖北教育出版社二〇〇四年版。
63 徐傑舜主編，周耀明、萬建中、陳華文著：《漢族風俗史》（第二卷），學林出版社二〇〇四年版，第193頁。

一　巫鬼崇拜的盛行

南方吳楚地區，盛行崇巫卜、重鬼神之風，具有悠久的歷史傳統。據考古發現，早在良渚文化時代，吳地就巫風盛行。春秋戰國時期，南方崇信巫鬼風俗便相當盛行。[64]《國語・楚語》曰：「自公子以下至於庶人，其誰敢不齊肅恭敬致力於神。」正是這一民俗風尚的反映。因之舉凡天神、地祇、人鬼乃至自然萬物，均是祭祀、膜拜的對象，這一「淫祀」風俗直到秦漢時期仍久盛不衰。《呂氏春秋・異寶篇》載：「楚、越之間有寢之丘者，此其地不利，而名甚惡。荊人畏鬼，而越人信　。」由於虔信吉凶福禍，故僅僅由於其地名之惡而不願居住。

秦漢時期，社會各階層敬鬼神之風未有稍減。《風俗通義》曰：「自高祖受命郊祀祈望，世有所增。武帝尤敬鬼神，於是甚實。至平帝時，天地六宗已下及諸小神，凡千七百。」《史記・孝武帝本紀》載：「越人俗信鬼，而其祠皆見鬼，數有效。昔東甌王敬鬼，壽至百六十歲，後世謾怠，故衰耗。」越人的鬼俗還具體表現在鳥占雞卜的宗教儀式上。《史記・孝武帝本紀》載：「是時（漢元封二年初），南越既滅，越人勇之乃言：越人俗信鬼，而其祠皆見鬼，數有效。昔東甌王敬鬼，壽至百六十歲。後世謾怠，故衰耗。乃令越丞立越祝祠，安台無壇，亦祠天神上帝百鬼，而以雞卜，上信之。」楚地的敬鬼重祀之風已成為典型的

64　李學勤：《良渚文化的多字陶文》，《蘇州大學學報》一九九二年吳學研究專輯。

地域特色。《漢書・地理志下》載：楚人「信巫鬼，重淫祀」。王逸《楚詞章句》亦云：「楚國地郢之邑，沅湘之間，其俗信鬼而好祀。」楚人是一個「信巫鬼，重淫祀」的民族，所謂「楚之衰也，作為巫音」，所謂「夫人作享，家為巫史」，都反映了巫覡在楚社會上扮演的角色。又據《漢書・地理志下》，吳「與楚接比，數相併兼，故民俗略同」。

值得注意的是，鬼神觀念本是原始人類對未知的自然力的敬畏和探索，具有典型的地域性和粗陋性，但在有組織的政府行為參與下，這種觀念得以精緻化，且在全社會得以廣泛的傳播。秦漢特別是兩漢時期，卜筮、相術、占夢、望氣、風角、日月星占和雜占、讖緯等方術流行，甚至有大量的儒家學者也廣泛涉及各種方術。誠如呂思勉先生所言，這些內容「後世亦恆有之，漢世所異者，則儒者信之者殊多」[65]。西漢武帝以後，一部分方士和儒生合流，利用和改造鬼神巫覡觀念而製作圖讖，用陰陽五行來解釋儒家經傳，對國家政治和社會意識產生了極其深刻的影響。東漢光武帝中元元年（56 年），更正式宣布圖讖於天下，成為合法的經典，稱圖讖為「內學」，原來的經書則稱為「外學」。正是統治階級的作為，秦漢整個社會巫風瀰漫，巫術盛行。應劭《風俗通義》：「（漢）武帝時迷於鬼神，尤信越巫，董仲舒數以為言。」《鹽鐵論・散不足》所言「街巷有巫，閭裡有祝」的情形，或許就是兩漢巫者充斥街巷閭裡的真實寫照。

65　呂思勉：《秦漢史》，上海古籍出版社一九八三年版，第 810 頁。

秦漢以前，江西先民已有以鬼神信仰為中心的原始宗教信仰，這些原始的宗教信仰在秦漢時期已形成了規模和深入了贛地社會各層面。江西吳頭楚尾，屬吳楚文化圈，楚覡越巫對它都有強烈的影響。贛巫作為原始宗教文化的產物，早在殷商時期便已產生。江西新干大洋洲出土的雙面神人獸面青銅頭像的實物資料證明了這一點。江西是內地通往嶺南陸路通道的唯一孔道，因而也成為南北文化的交合點。無論秦代向南方的大移民，還是漢代開拓南疆，都不可避免地把中原文化、習俗帶入江西，因而中原文化也對本區產生不小的影響。

早期的江西「儺」就是綜合中原文化、荊楚吳越文化、江西本土文化在江西地域上產生的一種文化形態。儺是以「逐疫納吉」為宗旨，以通神驅疫，以防惡鬼「來歲更為人害」為功能的巫舞儀式——逐儺。儺相傳為商湯八世孫徵製作，是先秦中原、荊楚地區的重要習俗。江西地區特殊的地理位置與文化生態，有促進儺在江西的產生、流播和植根的生存環境。有學者認為，早在先秦時期，江西儺就已出現，成為民俗的重要部分，並向周邊乃至中原地區擴張，產生了較大的影響。[66]筆者認為，先秦時期江西地區或已有儺產生，但推測當時的儺當呈極原始的形態，受地理環境的影響，難以作用到中原儺文化。

秦漢時期，江西文化更受中原文化影響與作用，本區儺在新

66 參見余悦、吳麗躍主編：《江西民俗文化敘論》第七章「贛儺的歷史地位及文化意蘊」，光明日報出版社，一九九五年版。

的形勢下得到發展，並以明確的形態受到世人的承認。[67]南朝梁宗懍所撰的《荊楚歲時記》載：「《宣城記》云，洪矩吳時作郡廬陵，載土船頭逐除」。文中所言廬陵，即今江西吉水一帶；洪矩為郡守，他的逐除，亦即儺祭活動當非個人行為，而是響應中央行儺的旨意，代表地方政府組織的儺祭活動。這裡清晰地表明，早在三國時期，江西地域內就已經有了「儺人所以逐疫鬼」的逐除習俗。至今仍然保存在南豐縣的《新建儺神殿碑序》也證實了這一點。《碑序》中說南豐的跳儺「既載周禮，復志魯范，延今歷三千年，傳遞勿替」。「周禮」、「魯范」，都是中原文化的核心「禮」。這無疑指明了南豐儺受到了中原文化的影響。必須指出的是，《宣城記》所述三國時期江西儺祭習俗的形成無疑是一種文化心理長期積澱的結果，而秦漢兩代應該是最有條件產生這一結果的時代。由於秦統一中國，漢代進入了封建制度完善、發展與經濟文化全國交流融合的重要階段，使中原文化和江南文化的融合獲得了前所未有的機運和強而有力的推動力。在這樣的文化背景下，儺在包括江西在內的南方地區有了新的發展。

秦漢兩代儺風熾盛，政府以政令方式推動儺祭。《呂氏春秋・季冬》中有政府「命有司大儺」，民間便有「歲前一日擊鼓驅疫厲之鬼，謂之驅除，亦曰儺」的記載，表明秦代政府設置了管理儺事活動的職事部門，民間的儺事也已成習俗。秦朝實行

67 本段文字的敘述，參考吳爾泰《贛儺辨記》一文，文載孫建昌、吳爾泰編《民俗民藝論集》，中華文化出版社，一九九三年。

「書同文」、「車同軌」、「行同俗」，作為秦帝國一部分的江西，理所當然地要與朝廷保持一致，執政朝廷的命令。因此秦朝朝廷推崇的重典之儺事，不可能不在江西推行。據《後漢書・禮儀志》，漢代儺祭一仍前朝，朝廷宮室依然「方相氏掌蒙熊皮，黃金四目，玄衣朱裳，執戈揚盾，帥百隸而時難（『難』通『儺』）」，所謂時儺，即按照規定時間來舉行儺祭。漢代朝廷同樣以政令的方式向全國推行儺祭。在宮室儺祭時，命「百官府各以木面獸能為儺人師」，地方政府當無例外。江西在漢初即已建治豫章郡，且倚為南方屏障，故牧守多是皇室貴胄，或名將重臣。他們當然奉行朝廷敕令，在自己的轄區內推行儺祭，這恐怕也是毋庸置疑之事。當代在南豐縣發現的一份關於贛儺起源的珍貴資料《金沙余氏儺神辨記》稱：「……漢代吳芮將軍，封軍山王者……對豐人語曰：『此地不數十年，必有刀兵。蓋由軍山聳峙，煞氣所鍾，凡爾鄉民，一帶介在山輒，必須祖周公之制，傳儺以靖妖氛。」吳芮是秦末漢初江西地區的著名人物，在秦朝為「番令」，曾隨天下大勢反秦功成而被漢封長沙王。《辨記》所言符合歷史。吳芮傳儺，正是秦朝政府推行儺祭的遺風，也表明秦末漢初，江西已有儺祭活動。漢代，儺祭已是全民性的宗教或民俗活動，上至皇室王公貴族，下至普通百姓都普遍參與，江西地區自然也不例外。江西有儺文化的生存發展環境，受中原儺文化的影響和作用，在漢代已將零散的、依附於其他習俗之中的儺祭演變成獨立的、系統的、融祭祀與娛人於一體的儺舞活動[68]（圖5-4）。但儺至漢代末年，仍是比較純粹的宗教信仰，並未顯示出明顯的世俗化傾向。

圖 5-4　儺神面裝

鬼巫信仰經過奴隸社會的黃金時期，到春秋戰國時期已走向沒落。漢末，沒落的鬼巫信仰仍流行於民間，成為社會的故陋之習。《後漢書・王符傳》：當時「婦女中饋，休其蠶織，而起事巫祝，鼓舞事神，以欺細民，熒惑百姓」。秦漢時期，江西民間鬼神觀念較為濃重，不僅有為驅逐鬼疫而跳儺舞的祭祀儀式，而且有不少祭鬼禳災的神廟，如《高僧傳・漢雒陽安清傳》中所記的廬山宮亭湖廟所祭祀蛇神；又如東漢建安四年（199 年），孫策領兵至豫章，斂兵不殺，民感其德，在西山梅嶺建廟以祭。特別是，巫覡不僅在江西民間十分活躍，而且擁有相當的權威。《後漢書・欒巴傳》載，豫章地區經常有奸巫橫行，捏造「郡土多山川鬼怪」，恐嚇居民，騙取錢財，「小人常破資產以祈禱」。巫鬼崇拜儘管是早期民眾的較為自覺的信仰，有濃厚的社會基

68　余悅、吳麗躍主編：《江西民俗文化敘論》，光明日報出版社一九九五年版，第 275 頁。

礎。然而，巫鬼崇拜並不符合秦漢帝國統一文化的需要，而且有不少巫覡藉助民眾的迷信，掠取錢財，殘害生靈，對社會經濟文化造成了極其消極的影響。因而統治者有意對此進行整治。傳統中國是一個重視倫理教化的國度，統治階級總是力圖把民間的宗教信仰納入社會化的軌道，主張祭祀的對象為「法施於民」、「以死勤事」、「以勞定國」、「能御大災、捍大患」等人物，其餘的則為「淫祀」。所謂「淫祀」，按《禮記・曲禮》的說法是「非其所祭而祭之，名曰淫祀。淫祀無福」。對於民間的巫鬼活動，政權有選擇地進行禁毀、致力於打擊奸巫，漢桓帝時曾詔令「悉毀諸房祀」。「房祀」之謂，唐李善注曰：「房謂為房堂而祀者」，宋代任廣《書敘指南》卷一九曰：「私室淫祀曰房祀」。

江西地區因鬼巫信仰濃厚，巫覡橫行，是統治者整治的重點區域。《後漢書・欒巴傳》載，東漢順帝期間（126-144 年），豫章太守「（欒）巴素有道術，能役鬼神，乃悉毀壞房祀，剪理奸巫。於是妖異自消。百姓始頗為懼，終皆安之」。這裡值得注意的是，欒巴是以「能役鬼神」的「道術」，來整治「奸巫」的。欒巴對宮庭湖神廟（宮亭廟）的整治也是其治理神巫的重要的事例。宮庭湖位於星子縣東南的廬山下面，面臨鄱陽湖。這片湖區，常有風浪，帆船通過，十分危險。據《幽明錄》和《神異記》記載：到宮亭廟經過的舟船，必須以財物許願，以求保佑，才得以順利通過。倘許願後不報答者，便會遭神巫的懲罰。葛洪《神仙傳》載：

欒巴為豫章太守，至郡，往廟中，便失神所在。巴曰：「廟鬼詐為天官，損百姓日久，罪當治之！」以事付功曹，巴自行捕逐。「若不時討，恐其後遊行天下，所在血食，枉病良民，責以重禱。」乃下所在，推問山川社稷，求鬼蹤跡。此鬼於是走至齊郡，化為書生，善談五經，（齊郡）太守即以女妻之。巴知其所在，上表請解郡守往捕，其鬼不出。巴謂太守：「賢婿非人也，是老鬼詐為廟神，今走至此，故來取之。」太守召之不出。巴曰：「出之甚易」，請太守筆硯奏案，巴乃作符。符成，長嘯空中，忽有人將符去，亦不見人形，一座皆驚。符至，書生向婦涕泣曰：「去必死矣！」須臾書生自齎符來，至庭見巴，不敢前。巴叱曰：「老鬼何不復爾形」？應聲即為一狸，叩頭乞活。巴敕殺之，皆見空中刀下，狸頭墮地。太守女已生一兒，復化為狸，亦殺之。

由於社會信仰巫鬼的基礎遠不能消除，所以這種對鬼神崇拜和民間巫覡的打擊、整治往往只能逞效於一時。禁巫的果敢行為和為政舉措也可能一時不被民眾所接受，但在一定程度上達到了教育民眾、讓百姓安居樂業的效果。同時，也有利於道教、佛教等正統宗教地位的確立。

二　道教的初興

作為中國本土宗教的道教，巫鬼崇拜以及方術、巫術是它的前身。道教在產生與發展過程中吸收和繼承了民間的巫鬼崇拜以及神巫之術。秦漢時期盛行的巫鬼思想以及活躍的方士、黃老道徒則極大地促使了道教的形成。秦始皇嚮往神仙，不斷求長生之藥，方仙道興盛。西漢初期的惠、文、景時期，倡導黃老之學，一部分文人創「黃老道」的經書，並且組織教派，形成原始道教。漢武帝之後，又有一部分方士則吸取黃老和浮屠之說，宣揚符命災異、吉凶占應、祈福禳災、輪迴報應等，成為道教的先行者，尋仙訪道之風盛極一時。漢成帝時齊人甘可忠撰《包元太平經》可能對後來的太平道產生重要影響。總之，「漢代是一個神仙思想、方術勢力最盛的時代，上至帝王，下至愚民，莫不沉溺其中」[69]。江南是道教思想的發源地之一，早在春秋戰國時期越地便流行黃老道家思想。至漢順帝時，方士于吉在曲陽得《太平清領書》，成為道教形成的重要經典。東漢末年會稽上虞人魏伯陽撰《周易參同契》，這是道教最系統和最有權威的丹經作品，被譽為「萬古丹經王」。它表明越地早已具有道教傳播和發展的濃厚的思想和文化基礎。正是在這些條件的促成下，東漢中期，以「天師道」和「太平道」為標誌的中國道教正式產生。

先秦以來，江西的名山大川、風景勝地，就是神仙方士和黃老道們活動的重要場所。至秦漢時期，江西已是道士們活躍之地，形成了濃郁的修真之風。「巫風大暢，鬼道愈熾」。江西地區濃厚的「尚鬼好祀」、「俗信鬼神，好淫祠」的習俗，而這種習俗所表達的對神靈的無限敬畏和祈求福祉的強烈願望，以及由此產生的濃厚的宗教心理和氛圍，無疑為道教開創了非常有利生存與發展的環境。在東漢有組織的道教形成之前，神仙方士的傳

69　郭箴一：《中國小説史》，上海書店一九八四年版，第40頁。

說在江西已較為豐富。如在江西出土的東漢時期一些畫像鏡或神獸鏡，在雕刻的花紋圖案上，已有神仙的內容。[70]江西是道教的發跡和興盛之地，有許多名山都與道教人物的活動有密切關係。如貴溪龍虎山、樟樹閣皂山、九江廬山、萍鄉武功山、寧都金精山、峽江玉笥山、新建西山、南城麻姑山、寧都華蓋山、上饒靈山等，皆因自先秦秦漢以來的道教方士人物的活動而著名，它們成為江西道教興盛的重要基礎。

南昌市附近新建縣西山（又稱飛鴻山、伏龍山、南昌山、散原山、厭原山等）是江西境地最早有神仙傳說之地。傳說軒轅黃帝的樂官伶倫（洪崖仙人）曾隱居西山洪崖修道煉丹、創製音樂；駕鶴成仙而後為道教天台山之神的周靈王太子晉（王喬），也曾乘鸞鶴休憩於西山鸞岡。據《歷世真仙體道通鑑》卷一四「梅福」條載，西漢末年，九江壽春（今安徽壽縣）人梅福，字子真。少時求學於長安，專習儒學經典，尤對《尚書》、《谷梁春秋》用力頗勤，因以豫章郡文學（掌管郡級學校的官）補南昌縣尉。時值西漢皇權低落，外戚王鳳、王莽等專權誤國，殘害忠良，天下災異數見，乃上書漢成帝數王氏罪狀卻不為其所納，還險遭殺身之禍。因而掛冠隱釣於豫章城南，即今之青雲譜。東漢時人們在此建「梅仙祠」以祀奉梅福，清代青雲譜成為江西著名道院，或與梅福有一定關係。西漢平帝元始年間（1-5 年），梅

70 李科友：《江西的封建社會考古》（上），《江西歷史文物》一九八二年第四期。

福知王莽必篡漢室，乃棄妻入飛鴻山深處學道修真，遠避塵世。為紀念其高風亮節與仰慕其仙名，人們便在山嶺上建梅仙壇，山嶺下建梅仙觀，並改飛鴻山為梅嶺。相傳，此後梅福先後到撫州之梅山、豐城縣、峽江之玉笥山、宜豐之梅墩等地，最後終於吳門市（今吳城鎮）。南宋紹興二年（1132 年），高宗賜封梅福為「壽春吏隱真人」；明萬曆三十五年（1607 年）在豫章西南建吏隱亭以祀之，南昌知府盧廷選題句云：「疏草孤忠扶赤漢，湖云千載擁丹青。」此外，漢末三國之際，葛玄亦曾在西山葛仙峰修真求仙，留有葛仙壇、煉丹井、葛仙源等道家煉丹之遺跡。

盧山又名匡盧，或緣於道教傳說。據周景式《盧山記》記載，傳說西周威烈王時，南楚人匡俗（續）「生而神靈」，有物外之志，曾在南障山虎溪結茅盧隱居，求仙學道，「時人敬事之」。某天，得仙人指引，飛天成仙，留茅盧於山下。神仙家遂將此山稱之為盧山或曰匡盧山。盧山很早以來便是神仙方士活動的重要場所，據說方輔和越盧君兄弟七人也在盧山得道成仙。傳說秦朝時，有十三武士，辭去官職到南方求仙，到達盧山後，又有十人去了南昌。只有唐健威、李德殳、宋刁云三人隱居盧山洞中不肯離去。一天晚上，打雷下大雨，水把洞前的沙地衝成兩條小溪。溪邊崖壁上有道石刻，題「神化靈溪、玉簡標題，真人受旨、玉澗潛棲」十六字。因此人們把溪稱作「靈溪」。三位武士後來不知所終，鄉里人建三將軍廟祀奉他們。又傳說秦始皇三十七年（前 210 年），巡視南方各地，到達荊楚一帶，浮江而下，路過盧山，秦始皇興致勃勃地登上上霄峰和紫霄峰，勒石紀念。又好神仙的漢武帝元封五年（前 106 年），巡狩南方各地，上盧山觀望氣數，得知匡續成仙，頓生仰慕，遂封匡俗「南極大明公」之號，並在虎溪茅廬前立祠以祀。據說水旱癘疫，禱之皆應。另外，廬山屏風疊上的羽章館，據說是漢武帝為仿越人祀上帝神仙以求羽化而建築的。自此以後，廬山作為「神仙之廬」聲名與地位大為顯著，道教在廬山逐漸興盛起來。

山姿奇秀、風景殊麗的江西南城西南十里麻姑山，原名丹霞山，自古為羽流、名賢棲游之地。相傳秦代隱士華子期曾居此山修道，漢昭帝時（前 86-75 年），就有仙人浮丘公及弟子王、郭二仙在丹霞山修道。丹霞山改名為麻姑山，則與美麗動人的麻姑仙子傳說相關。《古今圖書集成・神異典》載，麻姑是東漢時仙人王遠（王方平）之妹，她「十八九許，於頂上作髻，餘髮散垂至腰。衣有文采，又非錦綺，光彩耀目，不可名狀，皆世之所無也」。葛洪《神仙傳》中說她是建昌人，修道牟州東南姑余山。東漢桓帝時應王方平之召，降於蔡京家。如今江西的麻姑山上有會仙亭，即相傳是蔡京的住宅。麻姑年十八九已得仙道，能擲米成珠。自言見東海三次變為桑田，蓬萊之水也淺於舊時，還將變為平地。後世以「滄海桑田」比喻世事變化之急遽。又相傳三月三日西王母壽辰，麻姑在絳珠河畔以靈芝釀酒，為王母祝壽，稱「麻姑獻壽」。麻姑修道南城傳說流傳極廣、影響很大，唐代以來麻姑山被道家稱為「第二十八洞天」。

峽江縣玉笥山，原名「群玉山」，其改名或與道教傳說相關。據元虞集《清真觀碑記》中說：漢武帝大肆封禪，遍歷天下名山，相傳曾於此受西王母「上清寶籙圖」，見天降白玉笥於太白峰，武帝命人前取，風雨突作，卷玉笥而去。玉笥山因此得名。早在秦時就有孔丘明、駱法通、何紫霄等十人隱居修練於此。傳說孔丘明等九人仙去，唯紫霄終隱何君洞。漢代梅福、朱孺子也曾修真於此。

贛南金精山與張麗英成仙傳說相關。相傳西漢初，樵夫張芒之女張麗英，十五歲時在寧都縣翠微峰（原名金精山）的金精洞修練。一日，因得太極仙翁仙桃，頓忘飢渴，面發奇光，體態飄然出塵，得道飛昇成仙。據晉人幹寶《搜神記》載，張麗英在金精洞修練時，長沙王吳芮征閩過寧都，聞張仙姿，遂入山求聘。張說，這翠微峰岩石中能通神仙洞天，你若能鑿開一條路，我就聽你的。於是長沙王發兵鑿山，洞穿如甕，果見張披髮仰臥洞天石鼓峰下，眾人疑其已死，不料紫雲湧起，張白日飛昇，於空中語吳芮：「吾為金星之精，特降治此山耳。」據說張麗英曾作《金精十八章》，其五章云：「石鼓石鼓，悲哉下土。自我來觀，生民實苦。哀哀世事，悠悠我意。不可敵兮王威！不可奪兮予志！有鸞有鳳，自舞自歌。為何不去？蒙垢實多。凌雲爍漢，遠絕塵羅。世人之子，於我其何！暫來會期，運往即乖。父兮母兮，無傷我懷！」詩歌表現出張麗英的悲世情懷與追求修道成仙的堅強意志。因張麗英於金精山修練成仙，後鄉人建仙女廟以祭，因仙女「應民祈雨有靈」，金精山名聲大彰，慕名而來修道、朝拜、雲游者不斷，遂使金精山成為道教聖地，宋真宗時被道家列為第三十五福地，宋徽宗崇寧年間賜封張麗英為「靈泉普應真人」。

寧都、樂安縣境的大華山，俗稱華蓋山。據《天下名山志》云：西漢文帝時（前 179-164 年）浮丘真君就在華蓋山傳授王、郭兩弟子「三五飛步術，九一上清法」和修道煉丹，歷盡艱苦，直到魏景元時（260-263 年）才功德圓滿，得道成仙。自此，華蓋山成為江西有名的道教勝地。

位於萍鄉市和安福縣境南部的武功山，相傳早在漢時就有「瀘、瀟二仙人在此撼蛟」。當時山名「瀘瀟山」。之後有蜀人姓武者夫婦南來瀘瀟山隱居修練，後皆「同日化去」，鄉人因其姓武，遂改山名為「武功山」。之後又有葛玄入武功山煉丹修真。武功山遂成道教名山。

樟樹閣皂山是江西著名的道教勝地。相傳道教創始人張陵，在漢永元二年至永建元年（90-126 年），曾到過閣皂山修練，立壇於閣皂山西峰之西坑掛壁峰，俗稱「天師壇」。閣皂山真正著名，則是與靈寶道的始祖葛玄的活動密切相關。葛玄（164-244 年），字孝先，丹陽句容人，從小酷愛老莊之學，安閒淡泊，內足無求，徜徉山林，周旋於括蒼、南嶽、羅浮、金精、玉笥、武功、天台等名山勝景之間，欲擇一修道煉丹寶地，凡二十三年，歷二十二處。《抱朴子・金丹篇》說他曾從左慈學道，受太清、九鼎、金液等丹經，道法高深。東漢建安七年（202 年），葛玄入閣皂山，見其「形閣色皂，土良水清」，靈芝百草，信手可得，喜為「神仙之宅」，乃於東峰之下結廬築壇，修道煉丹，採藥行醫，刪集靈寶經誥，撰成多種道教早期文獻。葛玄在閣皂山，前後四十餘年。在這期間，以閣皂山為中心，先後往返去過豫章西山、萍鄉武功山、修水幕阜山、鉛山葛仙山等名山修道，最終在閣皂山得道，「羽化成仙」。仙逝之後，被後世道徒尊稱為「太極仙翁」「葛仙翁」。

東漢末年，上饒靈山道教也逐漸興起。生於東漢延熹五年

（162）的河南潁川人胡昭，自幼博學能文，矢志不仕。為避袁紹征辟，隱於陸渾山中，鑽研道學。曹操聞之，以中書令招聘。昭自陳一介書生，於軍國無用，投簪而去。不久，他攜全家渡江南下，至上饒靈山大濟村，將家小安置好以後，即到百谷峰養真岩結廬隱居。胡昭自號松谷老人，繼續悟道，採藥煮茗，並建爐煉丹，以濟鄉人沉痾。孫吳太元元年（251 年），昭於養真岩無疾而終，享年九十歲。胡昭死後，據傳他的仙蹤不斷在各地出現，顯靈佑民。胡昭侄子胡超，出生於東漢中平二年（185 年），幼年好學，博古通今，遁跡不仕，常遨遊名山大川，訪道求仙，曾得一異人授辟穀之法。後隨胡昭南下，隱於靈山擁筆峰修道成仙。據大濟《胡氏宗譜》載：超練就滅祟之法，有回生丹藥，是靈山神醫。超肉身成仙後，不知其蹤。西晉泰始元年（265 年），太子得奇疾不癒，武帝召天下良醫，超往治之，於是病除。帝問曰：「神醫何方人氏？」超答：「吾乃豫章靈山擁筆峰道士胡超也。」言畢騰空而去。晉武帝感其救太子之功，遂封胡超為「胡公真人」，擁筆峰為「道士仙峰」。

三　龍虎山天師道的奠基

龍虎山天師道與中國道教組織創始人張陵密切相關。張陵（道教稱為張道陵），字輔漢，沛豐邑（今江蘇豐縣）人。張陵自小讀書，是一位勤學苦練、博覽群書的儒生。由於東漢中後期社會黑暗，知識分子難以有正當出路，張陵遂不願為官，於漢章帝建初五年（80 年）轉而學道，為黃老道徒。黃老道奉事太上老君，習老子五千文、黃帝九鼎丹法等，又傳《太平經》。傳說張陵辭官後，即入廬山修道，追求長生久視。後來雲游天下，到過延陵（今江蘇常州）季子（吳國王子季札）廟。《酉陽雜俎》記載：「齊建元初，延陵季子廟中得木簡，長一尺，廣二寸，有字隱起曰『廬山道士張陵拜謁』。木堅白，字黃。」據《漢天師世家》卷二，張陵為了學道和創教，一生四處奔走，先後隱居修練於浙江、安徽、河南等地的名山大川，均不得道。在漢和帝永元初年（90 年），「獨與弟子王長從淮入鄱陽，……溯流入云錦山，煉九天神丹，丹成而龍虎見，山因以名，時年六十餘，餌之益壯……暨訪西仙源，得制命五嶽，檄召萬靈及神虎秘文於壁魯洞。復往嵩山石室，得《三皇內文》、《黃帝九鼎丹書》及《太清丹經》。乃曰：昔禹平水土，益焚山澤，功垂萬世。今地道失寧，妖厲不誠，吾徒無益，聞巴蜀沴氣為災，當往除之。」又據葛洪《神仙傳》，當張陵思索以道益世時，「聞蜀人多純厚，易以教化，且多名山」，於是攜弟子入蜀學道、布道、創教。所以道書曾有贊曰：「龍虎山中煉大丹，六天魔魅骨毛寒。自從跨鶴歸玄省，道法興隆濟世間。」此外，據元人趙道一《歷世真仙體道通鑑》卷一九云：「真人王長，不知何許人。從張一真人（張陵）學。真人住雲錦山，散群弟子。惟王長習天文，通黃老，留侍左右。長遂負書行歌，同真人住雲錦山。日侍真人，服丹戰鬼，積行累功。」又《古今圖書集成・神異典》引《女仙傳》說：「三天法師張道陵之妻，同隱龍虎山修三元默朝之道。」還有清同治《安仁縣誌》承前記載說：「漢末道宗張道陵雲游全國名山勝蹟，尋覓洞天福地作為修真之所，路過縣境雲錦溪時，張陵登高環視，不禁讚歎說：『這裡必有奇境！』於是逆溪水而上，抵達雲錦洞，洞旁有天然岩穴，即在穴中設鼎煉丹。」至今龍虎山多處留下了張陵修道煉丹的遺跡和傳說故事。其中煉丹岩前的丹灶、濯鼎池、試劍石、西仙源、碧魯洞、天師草堂等遺跡依然存在。

張陵在龍虎山地區煉丹修道從事創教活動達三十多年，當受江西地域文化的影響。他於漢順帝時由江西帶領弟子入蜀，漢安元年（142 年）在鶴鳴山（今四川仁壽，一說四川崇慶）聲稱受太上老君之命，封為天師之位，得新出「正一盟威之道」，遂造作道書，尊老子為教主，招收弟子，設立二十四治式的教區，誅伐巫教；又外以神明符咒，內用醫藥之術為人治病消災，頗得群眾信服，遂創立了中國最早的道教組織——天師道。因受其道、求其醫者，輒出信米五斗，故民間還稱早期天師道為「五斗米道」。天師道組織的創立，標誌著中國道教的形成。天師道是以「道」為最高信仰、以符籙齋醮為手段，追求長生不死、成仙了道為最高目標的一種宗教團體。天師道為張陵教團自稱，因其傳正一盟威之道，故亦名正一道。張陵死後，其子張衡、其徒張修、其孫張魯繼續推行其道。張氏祖孫三代後來被稱為「三張」或「三師」。《歷世真仙體道通鑑》卷一九說張陵稱天師，其長子衡稱嗣師，衡長子魯稱系師。《笑道論》說：「陵傳子衡，衡傳子魯，號曰三師。」張

圖 5-5　張道陵像

陵祖孫三代和張修的天師道，屬於早期天師道。

早期天師道信奉的基本經典是《道德經》，以及相傳是始於張陵、由張魯完成的宗教演繹《道德經》而來的《老子想爾注》（亦稱《老君道德經想爾訓》）。《老子想爾注》發揮老子思想，並汲取河上公解《道德經》的某些內容，把老子提出的「道」，進行了神聖化和人格化的解釋，認為「道即是一」，而「一散形為氣，聚形為太上老君，常治崑崙，或言虛無，或言自然，或言無名」。太上老君由此和至尊之道合二為一，被尊為最高之神。《老子想爾注》要求人們信行「真道」，奉持「道誡」，認為「道至尊，微而隱，無狀貌形象」，道是至高無上的，神祕的，具有人格意志，是凌駕於人間之上的主宰之神。道能夠「設生以賞善，設死以威惡」。如果人們按道的訓誡去做，就可以「積善成功，積精成神，神成仙壽」，最後得道成仙。在社會政治思想方面，《老子想爾注》和《太平經》一樣，積極吸收黃老學說，強調「太平」，認為治國之君務修道德，忠臣輔佐在行道，道譜德溢，太平就將到來。同時，它把儒家的倫理價值觀和道教的修仙相結合，將《老子》崇尚道德、輕賤忠義的觀點改造成肯定仁義忠孝，以適應政教合一的需要，同時也獲得整個社會的寬容。《老子想爾注》撰成，標誌著道教宗教理論建設進入一個新的階段，在道教史上有深遠的影響。

值天下強力者紛紛割據的形勢，張魯在漢中建立政教合一的地方政權，道官祭酒既管教務，又管政務。據《三國志・張魯傳》載，張魯自稱「鬼君」，初入教者稱「鬼卒」，教中設「祭酒」，分別統領信徒。百姓有病，令自首其過。犯法寬容三次後方用刑。又在路旁設立義舍，放置米肉，行人量需取用。張魯統治巴、漢近三十年，使天師道得以比較穩定地發展。但是，東漢建安二十年，統一北方的曹操率兵十萬，進攻漢中，張魯投降。曹操將張魯所治之民遷離漢中至中原地區，對天師道施行利用與限制的統御策略。此後，天師道科律廢弛，組織瀕臨瓦解，發展趨於停滯。直到張魯之子張盛定居江西貴溪龍虎山，隱居傳教，對天師道教進行改革，開創龍虎宗，天師道才又得以嶄新的面目繼續發展下去。

據元人趙道一編修的《歷世真仙體道通鑑》卷一九：「（張）盛，字元宗，歷奉車都尉，散騎侍郎，封都亭侯，嘗喟然嘆曰：『吾先世教法，常以長子傳授；而諸兄皆不娶，可使至此無傳乎？』西晉永嘉中，夜望大江之東，有瑞氣徹天。謂其妻曰：『是可成吾丹矣』。乃棄官南遊，至鄱陽郡，望之曰：『近矣。』即山行五日，至一處，山嶺秀麗，登而喜曰：『吾得之矣。』山頂有真人丹穴、井灶存焉，乃昔日煉丹修養之地，遂就其井穴左右結廬。居一年，盧氏來尋之。遂與同居此山（原註：一云盧氏攜一子自蜀來處山之下）。居九年，丹成，一日屍解而去。人呼其龍虎，子孫多居山之北。」《元史・釋老傳》：「正一天師者，始自漢張道陵，其後四代曰盛，來居信之龍虎山。」《漢天師世家》記其事說：魏太祖（曹操）征漢中，感系師張魯封府庫退居南山有德，拜魯為梁、益二州刺史，封鎮南將軍關內侯，食邑三萬戶。魯「固辭不受，謂使者曰：『吾修道士也，世慕沖舉，裂土之封非所領也』，請還印綬。一日召嗣子盛，以經籙劍印授之曰：『龍虎山，祖師玄壇在焉。其地天星照應，地氣沖凝，神人所都。丹灶秘文，藏諸岩洞，汝宜往宣吾化，修練累功。』」又說：「四代天師，諱盛，字元宗，系師第三子也。初居南鄭，克志精修，父命嗣教。魏世祖封奉車都尉、散騎侍郎，加都亭侯，不受。攜印劍經籙自漢中還鄱陽龍虎山。」

漢末張盛南下龍虎山，[71]主要是迫於形勢。曹操征服張魯之後，接著對天師道實行羈縻與管理相結合的政治策略，為了約束和防止天師道的自由發展，強迫大量天師道徒遷徙到北方魏地，置於曹魏政權的控制之下。這樣一來，天師道的組織被瓦解了，其在漢中和北方繼續自由傳教都已經成為不可能。因此，張魯在臨終之前，考慮到天師道以後的出路，就派嗣子張盛帶上作為天師繼承者象徵的印劍經籙，不遠千里回到祖天師張陵曾經修練過的地方——江西龍虎山。張仁晸《留侯天師世家宗譜》記第四十三代天師張宇初言，「漢末而下居龍虎山者，岩棲谷隱，修練以自籌」。天師道移居龍虎山後，由於開始處於隱遁自保的狀態下，不顯於時。但張盛住龍虎山，卻奠定了龍虎山天師道發展與興盛的基礎。據《漢天師世家》所載，張盛「得祖天師玄壇及丹

71　關於張盛南下龍虎山的時間有數種觀點，主要有東漢末年說、西晉永嘉末年說。近年江西道教學者郭樹森先生通過比較全面的考證後認為，漢末說較為有力。筆者認同漢末說。關於郭氏論證，參見其著《道教文化鉤沉》之《張盛南下龍虎山考》一文（華夏翰林出版社2005版）；《江西省宗教志》（方志出版社2003年版）第173-174頁，亦有相類似的說明。另有人認為張盛並沒有南下，而是終於洛陽。參見劉昭瑞：《考古發現與早期道教研究》，文物出版社二〇〇七年版，第46-50頁。

灶故址，即其地為居。以三元日自登壇傳籙以授四方學道之士。動千餘人，自是闡為科范率以為常。」張盛居龍虎山後，還在張陵煉丹處建起祠廟，即後來的「正一觀」，又在附近建了傳籙壇，尊奉張陵為掌教「正一天師」，並以《正一經》為主要經典，遇三元日登壇傳籙，以授四方學道之士。因此，張盛回到龍虎山，不僅使天師道中心由巴蜀轉移到江西，而且使原有的龍虎山道教重振。

張盛回歸龍虎山，使中國道教尤其是江西道教有了比較穩定的發展基地，傳至唐末，已成為著名於世的天師道「龍虎宗」，元代受朝廷敕封，稱正一道，在中國道教史上居於極其重要的地位。龍虎山也成為正一道的祖庭，成為天下修道尋仙者的重要參訪、流連之勝地。

四　佛教的初步傳播與發展

佛教傳入中國，始於西漢末年。《三國志・魏書》卷三〇注引《魏略・西戎傳》:「哀帝元壽元年（前 2 年），博士弟子景盧受大月氏王使伊存口授浮屠經。」這是迄今發現佛教傳入中國的最早記錄。早期佛教得到中國封建統治者的崇信、重視和提倡。《後漢書・楚王劉英傳》載，漢光武劉秀之子劉英「喜黃老，學為浮屠，齋戒祭祀」。東漢明帝永平十年（67 年），派郎中蔡愔、博士弟子秦景等去印度求佛法。他們在大月氏遇到天竺僧迦葉摩騰、竺法蘭，將他們迎來中國，用白馬馱著佛經到了洛陽，建起白馬寺，翻譯出了《四十二章經》。桓帝、靈帝時期，有更多的西域僧人來華譯經，傳揚佛法，影響日漸廣大。值得注意的

圖 5-6　安世高像

是，先秦、秦漢時期的鬼神觀念包括鬼魂報應生人和精靈轉世投胎觀念，與佛教也有相合相通之處，這為佛教在中國生長提供了良好的心理土壤。

江西佛教大約也始於東漢中後期，與全國佛教傳播發展的先進區域同步。據清光緒《江西通志・勝蹟略・寺觀》記載，漢明帝永平年間（58-75 年），僧祖印於長江邊的彭澤縣建安禪寺；桓帝元嘉元年（151 年），僧如志在贛東北的浮梁縣建雙峰寺。另據清道光《臨川縣誌・寺觀》載，贛東臨川縣於東漢章帝時（76-88 年）建起白山寺。這一時期江西出現僧跡佛寺，可以算得上是中國最早的一批寺院，說明江西是中國佛教傳播的最早區域之一，並不受其地理蠻荒狀況的制約。不過，學術界對這些寺院是否真的存在或建築得如此之早，還是存在疑問。「考慮到初始僧侶的流浪生存形式，以及江西的佛寺建築歷史的階段性，這些早期寺院的建造可能十分簡陋，也許只是一種聊蔽風雨的草寮而已，既然其僧有法名流傳，後人為他修寺以資紀念，也許是情理之中的事了」[72]。

江西僧流與佛寺究竟確切來於何時、起於何地雖難以定論，但從佛教典籍中查找線索，則有西域僧人安世高，大約於東漢靈帝建寧末年來到江西，留下了傳法足跡。據南朝梁僧祐《出三藏記集》載，安世高名清，世高其字，本是安息國（今伊朗一帶）的太子，自幼聰敏俊異。「後王薨，將嗣國位，乃深悟苦空，厭離名器，行服既畢，遂讓國與叔，出家修道。」、「既而遊方弘化，遍歷諸國，以桓帝之初，始到中夏。」安世高自東漢桓帝建和二年（148 年）到靈帝建寧末年（172 年）居洛陽，畢二十餘年光陰與精力，精通了華語，潛心譯介佛典，共譯有《佛說大安般守意經》、《陰持人經》等三十餘部。

安世高的佛教理論體系屬小乘佛學的禪數之學。禪，即禪定、靜慮和禪觀之意。僧尼通過坐禪入定產生的智慧，領悟到佛祖所示的人生觀與世界觀，從而息心獲得智慧與解脫，臻達涅槃寂靜的最高精神境界。「數」謂「數法」，指阿毗曇（意譯為對法、無比法、勝法，因以數把教法分類，故譯數法，也譯作「論」，是對《阿含經》或教法的論釋），對佛教基本理論概念分類多繫上數字，如四諦、八正道、十二因緣、五蘊、十八界等。

72 段曉華、劉松來：《紅土・禪床——江西禪宗文化研究》，中國社會科學出版社二〇〇〇年版，第 10 頁。

阿毗曇學在佛祖涅槃後一二百年即盛行，屬於「說一切有部」理論體系。安世高宣揚小乘佛教教義和數息止觀的坐禪修持方法，對後世禪學產生了一定的影響，對唐代江西成為禪學重心當也有一定的作用。安世高所傳的《陰持人經》、《安般守意經》、大小《十二門經》、《大道地經》等諸經，既注重對名相概念的分析推演，亦強調修習行法的實踐功夫，從教義佛理和戒律禪法兩方面引導人們崇向佛國。尤其深具影響的是《安般守意經》，當代名僧太虛法師在《佛學入門》中說：「安氏既由修禪定起諸神通，智慧亦大，使人對之起仰慕信崇，此經遂為當時修禪之根本法。」由於漢代社會盛行神仙方術，小乘禪法的「神通」境界與道家的得道升仙在普通百姓心目中無甚區分，可說同樣具有吸引力，而安世高的「坐禪數息」的修習方式多少與當時的道家方士們提倡的「吐納養氣」的修練方式相似，所以他宣揚的坐禪法不僅成為早期中土佛教修持的主要方式，更是作為一種外來的神仙方術而被普通百姓所接受。安世高的譯經傳道，極大地推動了漢末佛教的迅速傳播與發展。

大概是在漢靈帝末年，由於洛陽一帶發生戰亂，他離開中原，沿長江而下往江南傳化。先至今江西境的潯陽、廬山、豫章等地，後遊歷浙江會稽因被人誤傷而亡。安世高下江南的過程中，江西境內的活動是重要的一頁。《高僧傳》卷一《漢雒陽安清傳》載，安世高振錫江南時，云「我當過廬山，度昔同學」。當安世高與商旅一行行船達宮亭湖廟（宮亭廟）時，船受風阻。眾人奉牲請福祈禱時，身為蟒蛇的宮亭湖廟神遂請安世高入廟，並告訴安世高說：「吾昔外國與子俱出家學道，好行布施，而性多瞋怒，今為宮亭廟神，周回千里，並吾所治，以布施故，珍玩甚豐，以瞋恚故，墮此神報。今見同學，悲欣可言。壽盡旦夕，且丑形長生，若於此捨命，穢污江湖，當度山西澤中。此身滅後，恐墮地獄，吾有絹千匹，並雜寶物，可為立法營塔，使生善處也。」安世高遂「梵語數番，贊唄數契」，超度蟒蛇，將其化身為少年。其後即取絹物，辭別而去。此後，「廟神歇滅，無復靈驗」。安世高超度廬山宮亭湖廟神的故事，體現出因果報應的思想及學佛者所應去除的障礙，同時也在一定程度上表明了安世高在進入贛地之後弘法的曲折過程，新興的佛教為了宗教利益已展開了對民間神靈的整治。安世高以法術超度宮亭湖廟神（蟒蛇），類似道教方術之作為，顯示出早期佛教趨附中國文化的性格特徵。事實上，初入中土的佛教對社會風俗的影響基本上集中於社會上層，人們對佛教的理解也僅限於修性和長生成仙。[73]

據上引《高僧傳》，安世高過廬山後獲取宮亭湖廟的財物後，「便達豫章，即以廟物造立東寺」此東寺即後名大安寺。清光緒《江西通志・勝蹟略・寺觀》云：「大安寺在省城北，初名東寺，西域僧安世高，本安息國王子，避位來此，遂名大安寺。」將二書所記結合起來考察，安世高在南昌弘法駐錫而造寺，這是較為可靠的漢代江西寺院史料。安世高儘管在江西過境而稍事盤桓，在江西佛教史上卻是相當顯著的足跡，奠定了江西作為佛教重要區域的基礎。在安世高建豫章東寺後，東漢末期，

73 彭衛、楊振紅：《中國風俗通史》（秦漢卷），上海文藝出版社二〇〇二年版，第617頁。

相繼有僧來江西弘法建寺。贛縣契真寺，相傳肇建於東漢靈帝時期（168-189 年），初名「棄假寺」，址於今贛縣田村上村上北天竺山，繼而改名「契假寺」。據清同治《奉新縣誌・寺觀》載，白雲寺，東漢獻帝建安年間（196-219 年），興建於奉新縣南鄉蚪峰。肇始人失考。清同治《湖口縣誌》載，武安禪林，傳為東漢建於湖口大壟鄉花尖山。這些寺院的建立，表明佛教在江西境內已有一定的發展和規模。

總之，東漢中後期，佛教已在江西地域弘傳、發展，雖主要集中於交通相對方便的區域，卻對後來佛教在江西境內的廣泛傳播起著相當的影響和作用，在佛教史上當占有一定的地位。

秦漢時期，江西巫風盛行，是全國有名的「淫祀」區域之一。無論是道教還是佛教的發生、發展與傳播，都是立足於在本區巫鬼信仰的基礎之上。由於江西處於南部中國較為重要的地理位置，是荊楚文化、吳越文化、巴蜀文化、嶺南文化、中原文化傳播融匯之地，使它較早地形成了中國特色的地域文化——儒、道、佛三家融會的最早的地區之一，卻依然留存著濃郁的巫鬼崇拜。秦漢江西佛、道的發展與傳播，奠定了江西成為中國古代佛、道重要地域的基礎。秦漢時期，巫鬼、佛、道精神在贛地瀰漫傳播，相互作用，綜合影響，深入贛民之心靈。當然，隨著江西道教、佛教的不斷發展，有意識地限制、打擊巫鬼信仰，以擴占自已的信仰區域，能使道、佛精神思想漸入民心，並對本區的巫鬼崇拜產生一定的消解作用。儘管如此，本區的巫鬼信仰亦吸收了源於佛道二教的若干神祇，內涵得到豐富發展，外觀越發斑斕多彩，成為亦巫、亦佛、亦道的新型神巫體系。

後記

東漢桓帝延熹二年（159 年），曾任豫章太守的尚書令陳蕃在舉薦徐稚時，稱豫章是「江南卑薄之域」，此話雖有些偏頗，但道出了當時中原人對江西地區的普遍印象，也反映了豫章郡在朝廷政治地位的卑微。此種認識形成之因，一是豫章地區確實開發晚、起點低，與中原地區差距較大；二是先秦時期鄙視南方、以「荊蠻」概稱楚國觀念的延續。受此影響，秦漢史書多不關照豫章，便可以理解了。因而，《江西通史・秦漢卷》雖已完稿，卻明顯給人以「先天不足」之感，正如我在本卷引言中說的那樣，材料的缺失「是我們碰到的最大難題」，它「既不像先秦卷文字記載幾乎空白，卻有厚實的考古資料苦苦支撐」、「又不如魏晉以後特別是唐宋以後各卷，常為材料取捨而犯愁」。在這種情況下，要把零散的史料與單薄的考古材料結合起來整合成卷，其中的苦楚我們深有體會，而書中的不足則唯願讀者理解並教正。

《秦漢卷》的撰寫任務最初由趙明和我承擔，我們共同擬定了全書的初步框架並提交了本卷樣稿，後因趙明工作繁忙被迫中斷寫作，編委會考慮到本卷編撰的難度，特請原江西省考古研究所所長許智范和江西師範大學歷史系副教授溫樂平參與編寫。《隋唐五代卷》作者陳金鳳教授亦欣然相助，加入了本卷的編撰隊伍。這使一度陷於焦慮不安的我，走出困境，重新振作。

本卷除引言共分五章，具體分工為：許智范撰寫第二章第三節、第四章第一節，並多次通覽全稿，指正錯謬；溫樂平撰寫第三章第一節、第五章第二節並修改增補第四章第三節；陳金鳳撰寫第五章第四節並修改增補第五章第一、二、三節；盧星撰寫引言、第一章、第二章第一、二節、第三章第二、三節、第四章第二節初稿、第五章第一節，同時承擔全書框架的修訂、統稿以及附表的編制、地圖的製作修改及圖片的整理工作。

尤其需要說明的是，本卷的完成不僅僅是各位作者通力合作、辛勤筆耕的結果，更是《江西通史》編委會成員、工作人員、出版社編輯人員以及江西考古界同仁心智和汗水的結晶。在寫作過程中，總主編鐘起煌始終給予關心、指導和鼓勵；副總主編邵鴻、彭適凡、方志遠和總編室主任孫家驊對本書初稿細心審閱、繩愆糾謬，提出過不少建設性意見。出版社編審林學勤、游道勤對書稿文字體例不當乃至史料錯漏之處，多所匡正。插頁彩照及書中插圖多幅選自趙可明所攝《江西省博物館文物精華》和〔日〕岐阜縣美術館編《中國江西省文物展（圖錄）》；江西省考古研究所徐長青、萍鄉市博物館劉敏華、蓮花縣文物管理所吳棟山也分別為我們提供了盧陵漢城遺址、東漢五銖錢銅範、西漢「安成侯印」等珍貴照片，為本書增色殊多。特別令人難忘的是，恩師周鑾書在彌留之際，用飽含勉勵的目光、細若游絲的語氣再三囑咐我，要讀通「四史」，挖掘材料，用心去做。諄諄教誨，刻骨銘心！

在本書即將付梓之際，謹向所有關心、支持、幫助、指導過我們的師友、同仁致以謝忱！

盧星

二〇〇八年八月

於江西師範大學（敬語）

附表一　江西考古發現的漢代墓葬一覽表

發現地點	數量（座）	所屬區域	墓葬時代	出土文物類別	發掘時間（年／月）	材料來源
南昌市	一	贛中	東漢	陶案、罐、青瓷小碗、銅錢等	一九五八年三月	李科友：《江西考古倜查發掘大事記》，《江西歷史文物》一九八六年八月增刊
南昌市	二	贛中	漢代	陶器、銅器、鐵器、銅錢	一九五八年四月	同上
南昌市	九	贛中	東漢	陶器、銅器、鐵器	一九五八年六月	同上
南昌市青雲譜	二	贛中	東漢	陶器、銅器、鐵器	一九五九年十二月	同上

發現地點	數量（座）	所屬區域	墓葬時代	出土文物類別	發掘時間（年／月）	材料來源
南昌市青雲譜	八	贛中	漢代	陶器、銅器、鐵器及鎏金銅皖、鎏金合、銀環	一九六〇年	同上
修水縣上奉鄉	一	贛西	西漢	陶器、鐵器	一九六一年二月	同上
永新縣埠前鄉	一	贛西南	東漢	陶器、鐵器	一九六三年十一月	李科友：《江西考古調查發掘大事記》，《江西歷史文物》一九八六年八月增刊
南昌市老福山	一	贛中	西漢	木桴、漆器、木器、銅器、玉器等	一九六四年十月	同上
南昌市	一	贛中	東漢	陶器、銅器、鐵器、銅錢（貨泉、五銖錢）	一九六四年十二月	陳文華：《南昌市郊清理東漢墓一座》，《文物工作資料》一九六五年第二期

發現地點	數量（座）	所屬區域	墓葬時代	出土文物類別	發掘時間（年／月）	材料來源
南昌市東郊	一	贛中	東漢	銅器、鐵器、陶器、青瓷器及金戒指、石珠、銅錢等	一九六五年一月	陳柏泉：《南昌東郊發現一座東漢墓》，《文物工作資料》一九六五年第一期
南昌市絲網塘	一	贛中	漢至六朝	陶器、青瓷器、銅器、鐵器及五銖錢等	一九六五年一月	薛翹：《南昌市絲網塘清理一座漢墓》，《文物工作資料》一九六五年第三期
新建縣夢山水庫東側	十四	贛中	東漢	陶器、銅器及五銖錢	一九六五年十月	李科友：《江西考古調查發掘大事記》，《江西歷史文物》一九八六年八月增刊
樟樹市郊武陵	二	贛中	東漢	陶器、青瓷器、鐵器及紅銅印等	一九七二年三月	黃頤壽：《江西清江武陵東漢墓》，《考古》一九七六年第五期

發現地點	數量（座）	所屬區域	墓葬時代	出土文物類別	發掘時間（年／月）	材料來源
南昌市塘山鄉	十三	贛中	西漢	銅器、象牙手鍚、玉璧及陶器、滑石器、青瓷器等	一九七三年一月	江西省博物館：《南昌東郊西漢墓》，《考古學報》一九七六年第二期
南昌市老福山	一	贛中	西漢	銅戈、石鼎及陶器	一九七三年九月	程應麟：《第四機床廠人防工地發現西漢墓一座》，《文物工作資料》一九七三年第五期
南昌市青雲譜	一	贛中	東漢	陶器、銅器及五銖錢	一九七三年十月	余家棟：《南昌市青雲譜發現東漢墓》，《文物工作資料》一九七三年第六期
萍鄉市	一	贛西	東漢	陶器銅器、鐵器	一九七四年冬	《萍鄉市郊區清理一座東漢墓》，《文物工作資料》一九七六年第四期

發現地點	數量（座）	所屬區域	墓葬時代	出土文物類別	發掘時間（年／月）	材料來源
修水縣渣津	一	贛西	東漢	陶器、鐵器及黛硯等	一九七六年一月	余家棟：《修水渣津發現東漢墓》，《文物工作資料》一九七六年第一期
九江縣玉兔山	三	贛北	東漢	銅器、鐵器、青瓷器、陶器	一九八〇年五月	梁藹立：《九江縣玉免山發掘一批古墓葬》，《江西歷史文物》一九八一年第一期
贛州市蟠龍鄉	一	贛南	東漢	畫像磚二幅及陶器鐵器等	一九八〇年十月	薛翹、張嗣介：《贛州發現漢代畫像磚墓》，《江西歷史文物》一八九一年第三期
樂平縣鳳凰山	一	贛東北	東漢	陶器	一九八〇年冬	羅瑞祥：《樂平清理一座漢墓》，《江西歷史文物》一九八七年第一期

發現地點	數量（座）	所屬區域	墓葬時代	出土文物類別	發掘時間（年／月）	材料來源
南昌市郊區京山、招賢、塘山等鄉	四	贛中	東漢	銅器、鐵器、陶器及金戒指、玉劍佩、五銖錢等	一九七三到一九八〇年	唐山、志凡：《南昌地區的四座東漢墓》，《江西歷史文物》一九八一年第二期
上猶縣梅水鄉	十一	贛南	東漢	陶器、鐵器	一九八二年三至四月	李坊洪：《上猶縣東漢墓群的調查》，《江西歷史文物》一九八四年第二期
萬載縣大橋鄉	一	贛西	東漢	陶器、鐵器	一九八二年七月	劉建等：《萬載縣曾家灣東漢墓》，《江西歷史文物》一九八三年第三期
南康縣蓉江鎮	一	贛南	西漢	陶器、銅器	一九八二年九月	黃譔彬：《南康縣清理一座西漢墓》，《江西歷史文物》一九八四年第二期

發現地點	數量（座）	所屬區域	墓葬時代	出土文物類別	發掘時間（年／月）	材料來源
永新縣江畔鄉	一	贛西南	東漢	青銅棺桴、玻璃器	一九八二年	李志榮：《永新古墓出土青銅棺及玻璃器》，《江西文物》一九九一年第三期
南昌市老福山	一	贛中	西漢	青瓷器、陶器和五銖錢、「大泉五十」等	一九八三年一月	許智范：《南昌市老福山西漢墓》，《江西歷史文物》一九八三年第三期
於都縣嶺背鄉	二	贛南	東漢	畫像磚	一九八三年四月	萬幼楠：《江西於都發現漢畫像磚墓》，《文物》一九八八年第三期
南昌市青雲譜	一	贛中	東漢	青瓷器、銅器、五銖錢等	一九八三年十月	許智范：《南昌考古散記》，《江西歷史文物》一九八四年第一期

發現地點	數量（座）	所屬區域	墓葬時代	出土文物類別	發掘時間（年／月）	材料來源
宜春市厚田鄉		贛西		不詳	一九八三年春夏間	李科友：《江西考古調查發掘大事記》，《江西歷史文物》一九八六年八月增刊
湖口縣象山	一	贛北	東漢	陶器、青瓷器及石杵有磚銘「永初七年九月」「永初四年七月」	一九八三年十一月	楊赤宇：《湖口縣象山東漢紀年墓》，《江西歷史文物》一九八六年第一期
宜春市白泥山	一	贛西	西漢	木桴、陶器、銅器、青瓷器	一九八四年十一月	黃頤壽：《宜春西漢木桴墓》，《江西歷史文物》一九八六年第一期
高安市城郊		贛中	戰國兩漢	不詳	一九八五年春	李科友：《江西考古調查發掘大事記》，《江西歷史文物》一九八六年八月增刊

發現地點	數量（座）	所屬區域	墓葬時代	出土文物類別	發掘時間（年／月）	材料來源
瑞昌市橫港鄉	二	贛北	東漢	青瓷器	二十世紀八十年代上半葉	劉禮純：《瑞昌縣發現兩座東漢墓》，《江西歷史文物》一九八五年第一期
樂安縣戴坊鎮	一	贛中	西漢	鐵器、銅器、清瓷器及陶器殘片	一九八六年春	黃愛宗、梁愛民：《樂安出土的古兵器》，《江西文物》一九八九年第三期
都昌縣	墓群	贛北	漢代	陶器銅器	一九八六年	王友松：《都昌縣的漢墓》，《江西歷史文物》一九八六年第二期
宜春市下浦鄉	墓群	贛西	漢代	陶器、清瓷器、銅器、鐵器、銀器及五銖錢等	一九八八年五月到九月	江西省文物考古研究所、宜春市博物館：《江西宜春下浦壩上古墓群發掘報告》，《江西文物》一九九一年第二期

發現地點	數量（座）	所屬區域	墓葬時代	出土文物類別	發掘時間（年／月）	材料來源
宜春市南廟鄉	一	贛西	東漢	陶器、銅器、鐵器及五銖錢	一九八九年九月	曾和生：《江西宜春東漢墓清理簡報》，《南方文物》一九九三年第三期
贛縣三溪鄉	二	贛南	東漢	青瓷器、陶器、鐵器	一九九〇年二月	賴斯清：《江西贛縣三溪東漢墓》，《南方文物》一九九三年第一期
德安縣九岡嶺	九	贛北	東漢	銅器、鐵器、石器、陶器及銅錢等	一九九三年五月到八月	江西省文物考古研究所、江西省德安縣博物館：《江西德安九岡嶺漢墓群》，《南方文物》一九九八年第三期
定南縣焦坑鄉	一	贛南	東漢	陶紡輪、畫像磚、	一九九五年	贛南地方歷史文化研究室：《南方文物》二〇〇一年第四期

發現地點	數量（座）	所屬區域	墓葬時代	出土文物類別	發掘時間（年／月）	材料來源
樟樹市薛家渡	一	贛中	東漢	陶器、青瓷器	一九九六年七月	江西省文物考古研究所、江西省樟樹市博物館：《江西樟樹薛家渡東漢墓》，《南方文物》一九九八年第三期
南康縣三益鄉	一	贛南	東漢	青銅器	一九九六年	贛南地方歷史文化研究室：《南方文物》二〇〇一年第四期
高安市碧落山	三	贛中	西漢	原始瓷壇、木耳杯、陶盂、陶紡輪等	一九九八年八月	江西省文物考古研究所、江西省高安市博物館：《江西高安碧落山西漢墓》，《南方文物》二〇〇二年第二期

發現地點	數量（座）	所屬區域	墓葬時代	出土文物類別	發掘時間（年／月）	材料來源
新余市	一	贛中	西漢	青瓷器、陶器	二〇〇一年八月	徐若華：《江西新余發現西漢墓》，《南方文物》二〇〇五年第四期
新余市南安鄉	一	贛中	東漢	鐵匕（墓已被盜）	二〇〇一年八九月	《江西新余東漢窯爐、東漢至隋唐墓葬清理簡報》，《南方文物》二〇〇三年第二期
安福縣楓田鎮	三		東漢	銅器、陶器、鐵器及五銖錢、琉璃鼻塞等	二〇〇二年五月	安福縣文化局：《江西安福楓田清理東漢墓》，《南方文物》二〇〇四年第一期
南昌市昌北區	一	贛中	東漢	不詳	二〇〇二年九月	《南昌發現一座距今約二千年的漢墓》，《江南都市報》二〇〇二年九月二日

發現地點	數量（座）	所屬區域	墓葬時代	出土文物類別	發掘時間（年／月）	材料來源
南昌市昌北區	二	贛中	東漢	銅器、陶器、青瓷器	二〇〇三年八月	《大型漢墓驚現南昌昌北》《南昌漢墓旁邊發現又一座古墓》，《信息日報》二〇〇三年八月二十、三十日
南昌市昌北區	三	贛中	東漢	陶器、鐵器	二〇〇三年十月	《〈三座晉墓洪城重見天日〉追蹤：墓室主人是東漢富人》，《江南都市報》二〇〇三年十月
南昌市昌北區	一	贛中	東漢	陶器、鐵器	二〇〇六年六月	《〈工地挖土機「驚醒」六朝墓〉追蹤：第一件文物出上「身分」難辨》，《江南都市報》二〇〇六年六月五日

發現地點	數量（座）	所屬區域	墓葬時代	出土文物類別	發掘時間（年／月）	材料來源
新余市珠珊鎮	一	贛中	東漢	對角幾何紋、錢紋、鳥紋磚及陶片（墓已被盜）	二〇〇六年十一月	《村民修果園掘出東漢墓》，《江南都市報》二〇〇六年十一月十一日
蓮花縣工業園區羅漢山	一	贛西	西漢	「漢安成侯印」金質印章和陶器、銅器、金器、玉器、鐵器等	二〇〇七年六月	《蓮花發現漢景帝之孫墓》，《江南都市報》二〇〇七年六月六日

附表二　江西出土漢代錢幣一覽表

發現地點	發現時間	出土概況	材料來源
南昌市	一九五八年三月	銅錢	李科友：《江西考古調查發掘大事記》，《江西歷史文物》一九八六年八月增刊
南昌市	一九五八年四月	銅錢	同上
修水縣橫山鄉	一九六四年五六月	「大布黃千」二十四枚	薛翹、程應麟：《修水縣發現戰國青銅樂器和漢代鐵生產工具》，《文物工作資料》一九六四年第四期。
南昌市	一九六四年十二月	貨泉、五銖錢	陳文華：《南昌市郊清理東漢墓一座》，《文物工作資料》一九六五年第二期
南昌市東郊	一九六五年一月	銅錢	陳柏泉：《南昌東郊發現一座東漢墓》，《文物工作資料》一九六五年第一期
南昌市絲網塘	一九六五年一月	五銖錢	薛翹：《南昌市絲網塘清理一座漢墓》，《文物工作資料》一九六五年第三期

發現地點	發現時間	出土概況	材料來源
新建縣夢山	一九六五年十月	銅錢	李科友：《江西考古調查發掘大事記》，《江西歷史文物》一九八六年八月增刊
婺源縣東北	一九七一年秋	五銖錢，罐裝，鏽蝕嚴重	楊浩、查冠久：《「番漢興」洗 —— 漢越民族關係的歷史見證》，《南方文物》一九九六年第一期
南昌市青雲譜	一九七三年十月	五銖錢數十枚（東漢墓）	余家棟：《南昌市青雲譜發現東漢墓》，《文物工作資料》一九七三年第六期
南昌市郊區京山招賢塘山等鄉	一九七三到一九八〇	五銖錢數十枚（東漢墓）	唐山、志凡：《南昌地區的四座東漢墓》，《江西歷史文物》一九八一年第二期
萍鄉市	一九七六年八月	五銖錢銅範。銅錢範長十五點七、寬七釐米，重一五五〇克。此范一次可鑄八枚五銖錢。可能是西漢昭帝時物品（市博物館收購）	劉敏華：《西漢五銖錢銅範》，《江西歷史文物》一九八七年第二期

發現地點	發現時間	出土概況	材料來源
寧都縣東名公社（今東韶鄉）	一九七九年八月	漢、唐、兩宋、金銅錢，共七串、七十一市斤、七五一六枚，其中漢代錢幣有半兩、五銖（三種）、剪輪五銖、貨泉（村民建房取土時發現）	劉勁峰：《寧都縣出土一批古代銅錢》，《江西歷史文物》，一九八〇年第二期
南昌市老福山	一九八三年一月	銅錢數十枚，已鏽跡黏結，可辨認「五銖」「大泉五十」兩種（西漢晚期墓）	許智范：《南昌市老福山西漢墓》，《江西歷史文物》一九八三年第三期
寧都縣大沽鄉	一九八三年三月	漢唐西宋、金銅錢共四十三點五公斤，其中漢代錢幣有半兩五銖（兩種）（村民建房取土時發現）	嵩愛華：《寧都縣新出土一批古代銅錢》，《江西歷史文物》一九八四年第二期
南昌市青雲譜	一九八三年十月	五銖錢	許智范：《南昌考古散記》，《江西歷史文物》一九八四年第一期

發現地點	發現時間	出土概況	材料來源
樂安縣	一九八五年九月	自漢至清各代銅錢，共八十六公斤，約一萬枚。其中兩漢：五銖四枚、剪輪五銖七枚、私鑄五銖一枚，新莽貨泉一枚。（村民建房取土時發現）	黃愛宗、羅春生：《樂安出土一批古銅錢》，《江西歷史文物》一九八七年一期
贛縣南塘鄉	一九八六年七月	漢代銅錢，散裝於罐中，部分鏽蝕嚴重，經揀選一五一一枚、四點四公斤。其中五銖一四九八枚、磨邊五銖五枚、剪邊五銖五枚，新莽貨泉二枚、布泉一枚。（村民發現於田圳邊）	賴斯清：《贛縣出土漢代錢幣》，《江西文物》一九八九年第一期

發現地點	發現時間	出土概況	材料來源
橫峰縣岑陽鎮	一九八七年十月	銅錢盛於陶甕中，原約三十五公斤，清理後存二十七公斤、八六四八枚，其中新莽貨泉三十四枚私鑄五銖四十六枚，餘皆兩漢五銖。（村民挖土時發現）	黃國勝：《橫峰出土漢代錢幣》，《江西文物》一九八九年第二期
萬安縣	一九八八年三月	出土二十多公斤，清理一點五公斤，五九五枚。其中西漢四銖「半兩」四枚、五銖二八四枚，東漢五銖二一〇枚、磨廓五銖和剪輪五銖八十六枚、新莽貨泉十一枚。（村民蓋房取土時發現）	陳凱華：《萬安縣發現漢代銅錢窖藏》，《江西文物》一九九〇年第一期

發現地點	發現時間	出土概況	材料來源
靖安縣官莊鄉	一九八八年十二月	共十五公斤，四二八三枚，罐裝。其中大泉五十、貨泉各一枚，余皆兩漢三國魏晉時期五銖錢。（村民耕田時發現）	何標瑞：《靖安出土一批古錢幣》，《江西歷史文物》一九八九年第三期
宜春市下浦鄉	一九八八年五月到九月	五銖錢七枚（漢墓）	江西省文物考古研究所、宜春市博物館：《江西宜春下浦壩上古墓群發掘報告》，《江西文物》一九九一年第二期
宜春市南廟鄉	一九八九年九月	五銖錢四枚（東漢墓）	曾和生：《江西宜春東漢墓清理簡報》，《南方文物》一九九三年第三期
安遠縣鎮崗鄉	一九九〇年九月	共五十九點二公斤、一〇一三〇枚。為兩漢各式五銖錢和新莽貨泉、布泉。	鍾榮昌：《江西安遠灣里出土漢代窖藏銅錢》，《南方文物》一九九三年第一期

發現地點	發現時間	出土概況	材料來源
高安市大城鄉	一九九一年九月	盛於陶罐，共十點五公斤、四千餘枚。其中西漢四銖「半兩」二十枚、上林三官五銖十枚、五銖一九〇枚；東漢早期五銖三三九枚、晚期五銖一二二二枚、「四出」五銖五枚；新莽「大泉五十」三枚、「貨泉」六十八枚、「布泉」三枚。（村民開荒種地時發現）	肖錦秀：《江西高安大城出土漢代銅錢》，《南方文物》一九九八年第一期
高安市相城鄉	一九九二年十二月	秦漢至兩宋各代銅錢，共三十二公斤、一萬五千餘枚，其中大部分為兩宋錢，秦漢錢幣有半兩、五銖、貨泉、大泉五十等。（修高速公路時發現）	肖錦秀：《江西高安發現銅錢窖藏》，《南方文物》一九九七年第二期

發現地點	發現時間	出土概況	材料來源
德安縣九岡嶺	一九九三年五月到八月	五銖錢一枚（東漢墓）	江西省文物考古研究所、德安縣博物館：《江西德安九岡嶺漢墓群》，《南方文物》一九九八年第三期
安福縣楓田鎮	二〇〇二年五月	五銖錢八枚（東漢末年墓）	安福縣文化局：《江西安福楓田清理東漢墓》，《南方文物》二〇〇四年第一期

主要參考文獻

〔漢〕司馬遷：《史記》，中華書局一九六五年版。

〔漢〕班固：《漢書》，中華書局一九六五年版。

〔南朝宋〕范曄：《後漢書》，〔晉〕司馬彪：《後漢書志》，中華書局一九六五年版。

〔南朝梁〕沈約：《宋書》，中華書局一九七四年版。

〔晉〕陳壽：《三國志》，中華書局一九六五年版

〔唐〕房玄齡等：《晉書》，中華書局一九七四年版。

〔唐〕魏徵等：《隋書》，中華書局一九七三年版。

〔漢〕荀悅：《漢紀》，商務印書館，《四部叢刊》本。

〔漢〕劉珍等撰、吳樹平校註：《東觀漢記》，中州古籍出版社一九八七年版。

〔晉〕袁宏撰、周天游校註：《後漢紀校注》，天津古籍出版社一九八七年版。

〔宋〕司馬光：《資治通鑑》，中華書局校點本一九五六年版。

〔漢〕氾勝之著、石聲漢今釋：《氾勝之書今釋》，科學出版社一九五九年版。

〔漢〕氾勝之著、萬國鼎輯釋：《氾勝之書》，農業出版社一九八〇年版。

〔漢〕桓寬、王利器校註：《鹽鐵論校注》（增訂本），天津古籍出版社一九八三年版。

〔漢〕賈誼撰、方向東集解：《新書集解》，河海大學出版社一九九四年版。

〔漢〕崔寔著、繆啟愉輯釋、萬國鼎審訂：《四民月令輯釋》，農業出版社一九八一年版。

〔漢〕劉安、張雙林校釋：《淮南子校釋》，北京大學出版社一九九七年版。

〔漢〕王充、黃暉校釋：《論衡校釋》，中華書局一九九〇年版。

〔漢〕王符、〔清〕汪繼箋、彭鐸校正：《潛夫論箋》，中華書局一九七九年版。

〔漢〕許慎：《說文解字》，中華書局一九八五年版。

〔漢〕應昭、王利器校註：《風俗通義校注》，中華書局一九八一年版。

〔漢〕劉熙：《釋名》，上海古籍出版社一九七八年版。

〔秦〕呂不韋撰、陳奇猷校釋：《呂氏春秋校釋》，學林出版社一九八四年版。

佚名撰、陳直校正：《三輔黃圖》，陝西人民出版社一九八〇年版。

周天游輯註：《八家後漢書輯注》，上海古籍出版社一九八五年版。

陳奇猷：《韓非子新校注》（上下冊），上海古籍出版社二〇〇〇年版。

〔北魏〕酈道元著、〔民國〕楊守敬、熊會貞註疏：《水經註疏》，江蘇古籍出版社一九九九年第二版。

〔北魏〕酈道元著、〔清〕汪士鐸圖、陳橋驛校釋：《水經注圖》，山東畫報出版社二〇〇三年版。

《大清一統志》，文淵閣《四庫全書》本。

〔晉〕葛洪：《西京雜記》，叢書《稗海》明刻清修本。

〔晉〕常璩：《華陽國志》，巴蜀書社一九八四年版。

〔梁〕蕭統：《文選》，〔唐〕李善注，中華書局一九九五年版。

〔南朝梁〕任昉：《述異記》，民國掃葉山房本。

〔清〕嚴可均輯：《全上古三代秦漢三國六朝文》，中華書局一九五八年版。

〔清〕王先謙：《合校水經注》，巴蜀書社影印清光緒二十三年新化三味書室刊本，一九八五年版。

〔清〕王先謙：《漢書補註》，中華書局一九八三年影印本。

〔清〕孫星衍等輯、周天游點校：《漢官六種》，中華書局一九九〇年版。

〔清〕王謨：《江西考古彔》，北京出版社二〇〇〇年版。

〔清〕雍正《江西通志》，文淵閣《四庫全書》本。

〔清〕顧祖禹：《讀史方輿紀要》，中華書局二〇〇四年版。

〔清〕陳宏緒：《江城名蹟記》，文淵閣《四庫全書》本。

〔清〕杜文瀾輯：《古謠諺》卷六九《秦始皇造陵時民歌博物誌》，周紹良整理，中華書局二〇〇〇年版。

〔日〕安居香山、〔日〕中村章八輯：《緯書集成》，河北人民出版社一九九四版。

〔宋〕熊方等：《後漢書三國志補表三十種》，中華書局一九八四年排印版。

〔宋〕沈括：《元刊夢溪筆談》，文物出版社一九七五年版。

〔宋〕李昉等：《太平御覽》，中華書局影印本一九六〇年版。

〔宋〕樂史：《太平寰宇記》，中華書局二〇〇〇年版。

〔宋〕趙與時：《賓退錄》，上海古籍出版社一九九三年版。

睡虎地秦墓竹簡整理小組：《睡虎地秦墓竹簡》，文物出版社一九七八年版。

〔唐〕徐堅等：《初學記》（共三冊），中華書局一九八〇年版。

王明編：《太平經合校》，中華書局一九六〇年。

王國維：《水經校注》，袁英光、劉寅生整理標點，上海人民出版社一九八四年版。

徐沁君校註：《新校元刊雜劇三十種》，中華書局一九八〇年版。

楊伯峻：《春秋左傳注》（全四冊），中華書局一九八一年版。

袁珂：《山海經校注》（增補修訂本），巴蜀書社一九九三年版。

張家山二四七號漢墓竹簡整理小組：《張家山漢墓竹簡》，文物出版社二〇〇一年版。

〔周〕管仲：《管子》，商務印書館，《四部叢刊》本。

安作璋、熊鐵基：《秦漢官制史稿》（上下冊），齊魯書社一九八四、一九八五年版。

陳文華：《論農業考古》，江西教育出版社一九九〇年版

陳文華、陳榮華主編：《江西通史》，江西人民出版社一九九九年版。

陳文華編著：《中國農業考古圖錄》，江西科學技術出版社一九九四年版。

陳梧桐、李德龍、劉曙光：《西漢軍事史》（軍事科學院主編《中國軍事通史》第五卷），軍事科學出版社一九九八年版。

董愷忱、范楚玉主編：《中國科學技術史・農學卷》，科學出版社二〇〇〇年版。

段曉華、劉松來：《紅土・禪床——江西禪宗文化研究》，中國社會科學出版社二〇〇〇年版。

丁毅華：《湖北通史・秦漢卷》，華中師範大學出版社一九九九年版。

傅築夫：《中國經濟史資料》（秦漢三國編），中國社會科學出版社一九八二年版。

葛劍雄：《西漢人口地理》，人民出版社一九八六年版。

葛劍雄：《中國人口史》第一卷，復旦大學出版社二〇〇二年版。

郭箴一：《中國小說史》，上海書店一九八四年版。

郭樹森：《道教文化鉤沉》，華夏翰林出版社二〇〇五版。

江西省宗教志編纂委員會：《江西省宗教志》，方志出版社二〇〇三年版。

何光岳：《百越源流史》，江西教育出版社一九八九年版。

黄今言：《秦漢賦役制度研究》，江西教育出版社一九八八年版。

黄今言：《秦漢經濟史論考》，中國社會科學出版社二〇〇〇年版。

黄今言：《秦漢商品經濟研究》，人民出版社二〇〇五年版。

黄今言主編：《秦漢江南經濟述略》，江西人民出版社一九九九年版。

霍印章：《秦代軍事史》（軍事科學院主編《中國軍事通史》第四卷），軍事科學出版社一九九八年版。

梁家勉主編；《中國農業科學技術史稿》，農業出版社一九八九年版。

李國強、李放主編：《江西古代科學技術史》，海洋出版社二〇〇七年版。

林劍鳴：《秦漢史》，上海人民出版社一九八九年版。

林劍鳴主編：《秦漢社會文明》，西北大學出版社一九八五年版。

劉昭瑞：《考古發現與早期道教研究》，文物出版社二〇〇七年版。

呂思勉：《秦漢史》，上海古籍出版社一九八三年版。

呂思勉：《呂思勉讀史雜記》（上下），上海古籍出版社一九八二年版。

馬植傑：《三國史》，人民出版社一九九三年版。

彭衛、楊振紅：《中國風俗通史·秦漢卷》，上海文藝出版社二〇〇二年版。

彭明瀚主編：《江西省博物館文物精華》，文物出版社二〇〇七年版。

祁守華編：《中國古代煤炭開採利用軼聞趣事》，北京煤炭工業出版社一九九六年版。

〔日〕岐阜縣美術館編：《中國江西省文物展（圖錄）》，（日本）株式會社大冢巧藝社一九八八年版。

孫建昌、吳爾泰編：《民俗民藝論集》，中華文化出版社一九九三年版。

譚其驤主編：《中國歷史地圖集》第二冊，中國地圖出版社一九八二年版。

唐長孺：《魏晉南北朝史論叢》，三聯書店一九五五年版。

田昌五、漆俠主編：《中國封建社會經濟史》（第一卷），齊魯書社／文津書社一九九六年版。

王子今：《秦漢交通史稿》，中央黨校出版社一九九四年版。

王鵬飛：《王鵬飛氣象史文選》，氣象出版社二〇〇一年版。

王水根：《贛文化通志·考古篇》，江西教育出版社二〇〇四年版。

吳宗慈主編：《江西古今政治地理沿革圖》，江西省文獻委員會一九三七年七月印行。

謝世俊：《中國氣象史稿》，重慶人民出版社，一九九二年版。

許懷林：《江西史稿》，江西高校出版社一九九三年版。

嚴耕望：《中國地方行政制度史》（甲部），《秦漢地方行政制度》，台北中央研究院歷史語言研究所一九九七年版。

余悅、吳麗躍主編：《江西民俗文化敘論》，光明日報出版社一九九五年版。

余伯流、陳榮華主編：《江西經濟史》，江西人民出版社二〇〇四年版。

余家棟：《江西陶瓷史》，河南大學出版社一九九七年版。

中國秦漢史研究會編：《秦漢史論叢》第六輯，江西教育出版社一九九四年版。

中華書局編輯部編：《雲夢秦簡研究》，中華書局一九八一年版。

周鑾書主編：《江西曆代名人傳》，百花洲文藝出版社二〇〇二年版。

周振鶴：《西漢政區地理》，人民出版社一九八七年版。

周振鶴：《漢書地理志匯釋》，安徽教育出版社二〇〇六年版。

江西文庫 A0701A05

江西通史：秦漢卷　下冊

主　　編　鍾啟煌
作　　者　盧星、許志范、溫樂平
責任編輯　楊家瑜

發 行 人　陳滿銘
總 經 理　梁錦興
總 編 輯　陳滿銘
副總編輯　張晏瑞
編 輯 所　萬卷樓圖書股份有限公司
排　　版　菩薩蠻數位文化有限公司
印　　刷　百通科技股份有限公司
封面設計　菩薩蠻數位文化有限公司

出　　版　昌明文化有限公司
桃園市龜山區中原街 32 號
電話 (02)23216565
發　　行　萬卷樓圖書股份有限公司
臺北市羅斯福路二段 41 號 6 樓之 3
電話 (02)23216565
傳真 (02)23218698
電郵 SERVICE@WANJUAN.COM.TW
大陸經銷　廈門外圖臺灣書店有限公司
電郵 JKB188@188.COM

ISBN 978-986-496-179-5

2018 年 1 月初版

定價：新臺幣 300 元

如何購買本書：

1. 轉帳購書，請透過以下帳戶
   合作金庫銀行 古亭分行
   戶名：萬卷樓圖書股份有限公司
   帳號：0877717092596
2. 網路購書，請透過萬卷樓網站
   網址 WWW.WANJUAN.COM.TW

大量購書，請直接聯繫我們，將有專人為您服務。客服：(02)23216565 分機 610

如有缺頁、破損或裝訂錯誤，請寄回更換

版權所有·翻印必究

Copyright©2016 by WanJuanLou Books CO., Ltd.

All Right Reserved　　**Printed in Taiwan**

國家圖書館出版品預行編目資料

江西通史 秦漢卷 / 鍾啟煌主編. -- 初版. --
桃園市 : 昌明文化出版 ; 臺北市 : 萬卷樓
發行, 2018.01
冊 ;　公分
ISBN 978-986-496-179-5(下冊 : 平裝)
1.歷史 2.江西省
672.41　　107001857

本著作物經廈門墨客知識產權代理有限公司代理，由江西人民出版社授權萬卷樓圖書股份有限公司出版、發行中文繁體字版版權。

本書為金門大學華語文學系產學合作成果。　　校對：陳裕萱／華語文學系二年級